国家安全与情报丛书

总策划⊙王吉胜

主　编⊙高金虎

"十三五"国家重点图书出版规划项目

情报分析案例选

季正明 马晓娟 等 著

U0951672

金城出版社

GOLD WALL PRESS

图书在版编目（CIP）数据

情报分析案例选 / 季正明，马晓娟著 . —北京：金城出版社，2016.9（2023.12 重印）
（国家安全与情报丛书 / 高金虎主编）
ISBN 978-7-5155-1381-2

Ⅰ . ①情… Ⅱ . ①季… ②马… Ⅲ . ①情报分析—案例 Ⅳ . ① G252.8

中国版本图书馆 CIP 数据核字 (2016) 第 213375 号

情报分析案例选

作　　者	季正明　马晓娟 等
责任编辑	蔡传聪
开　　本	710 毫米 ×1000 毫米　1/16
印　　张	13.25
字　　数	160 千字
版　　次	2016 年 10 月第 1 版
印　　次	2023 年 12 月第 5 次印刷
印　　刷	鑫艺佳利（天津）印刷有限公司
书　　号	ISBN 978-7-5155-1381-2
定　　价	40.00 元

出版发行	金城出版社　北京市朝阳区利泽东二路 3 号 邮编：100102
发 行 部	(010)84254364
编 辑 部	(010)64222699
总 编 室	(010)64228516
网　　址	http://www.jccb.com.cn
电子邮箱	jinchengchuban@163.com
法律顾问	北京植德律师事务所　（电话）18911105819

《情报分析案例选》写作组

成　员　季正明　马晓娟　陈　烨　刘亚莉
何　琼　伯　恒　张　宏　马宁研

统　稿　季正明

丛书总序

以情报工作为研究对象，探索情报工作规律，研究改进情报工作途径的学科，在西方称为情报研究，在中国则称为军事情报学。名称不同，本质一致。

长期以来，由于情报工作本身存在着较强的隐蔽性，各个国家对情报机构的活动秘而不宣，其情报档案也不公开，从而影响了情报工作受关注的程度，情报活动成了历史研究中被遗忘的一角。

西方的情报研究，始于 1949 年美国学者谢尔曼·肯特《战略情报：为美国世界政策服务》（以下简称《战略情报》）一书的出版。肯特是耶鲁大学历史学教授，第二次世界大战期间担任美国战略情报局研究分析处欧洲非洲科的科长，战后一度回到耶鲁重执教鞭，随后担任中央情报局国家评估办公室主任。在《战略情报》一书中，肯特把战略情报定位为战略家制订和执行计划所必需的情报，是身居高位的文武官员保卫国家福祉必须掌握的知识。《战略情报》一书成为美国情报研究的奠基之作。此后，肯特还在中央情报局倡导开展情报研究，以使情报研究成为一门独立的学科。在他的倡议下，中央情报局成立了情报研究中心，创办了刊物《情报研究》，从而为情报理论和情报学科的发展奠定了重要基础。1962 年，美国兰德公司智囊罗伯塔·沃尔斯泰特出版的《珍珠港：预警与决策》开启了情报研究的新领域：预警和情报失误研究。1978 年，国际学术界在德国波恩和斯图加特召开"第二次世界大战中的信号情报研讨会议"，推动了情报史的研究。一批历史学家、政治学家、战略学家、国际关系学者加入了情报研究的行列，有力地推动了情报研究。今天，在英语世界，情报研究已经成为社会科学研究的一个组成部分。

与美国相比，中国的情报研究起步则早很多。早在 2500 年前的春秋时代，中国兵圣孙子就写出了著名的《孙子兵法》，这是世界上最早的军事情报学著作。孙子对战略情报要素认识的完备性、情报评估的重要性、情报谋略的微妙性、情报理论的科学性的分析，即便与 2500 年后谢尔曼·肯特的著作相比也不逊色。抗战期间，军统特工郑介民出版了《军事情报学》，书中所勾勒的军事情报工作体系与今日西方的情报研究体系并无本质差别。1988 年以后，多种版本的《军事情报学》和其他研究成果相继问世。这些著作有力地推动了中国情报研究学科的发展。今天，军事情报学已经列入了我国研究生与学位教育的学科门类。

自 20 世纪 90 年代以来，我即致力于军事情报的理论研究和教学工作，涉猎情报研究的诸多领域，并偶有心得。我深感中国的军事情报研究与美国等先进情报大国之间存在较大差距。理论研究的滞后成为制约中国军事情报工作的重要因素。有感于此，在金城出版社的支持下，我主编了"情报与反情报丛书"，开始引介西方情报大国的情报研究成果，为这门学科的发展奠定理论基础。迄今，丛书已经出版多种，取得了良好的社会效益，得到学术界的热烈反应。

在主编“情报与反情报丛书”的同时，我也开始了对军事情报学的系统思考。我认为，军事情报学主要探讨军事情报工作的基本理论和运用理论，从整体上认识军事情报工作的一般发展规律，揭示军事情报工作的本质，提升军事情报工作水平，更好地服务于政治、经济、军事和外交决策。军事情报学的学科体系包括历史研究、思想研究、理论研究、应用研究等内容。

基于以上认识，我们策划了这套“国家安全与情报丛书”，内容涉及军事情报学基础理论、情报历史、情报思想、情报体制、情报分析、战略欺骗等，基本涵盖了情报研究的各个领域。丛书主要记录了我在军事情报学研究领域的心得，反映了我对军事情报工作的认识。希望这套丛书的出版，可以推动我国的情报研究，并对改善我国的国家安全工作有所裨益。

高金虎

目　录

代号“巴巴罗萨”

来自柏林的警告

1941 年 3 月 20 日，一份来自柏林的情报报告摊在斯大林的案头，报告的内容，让斯大林心烦意乱……

报告是苏联驻德国武官处发回的。一周前的 3 月 14 日，苏联驻德国武官图比科夫在一个外交场合邂逅了一位德军少校。少校先生告诉他，德国对苏联的“政策已经完全改变”，“我们正在东进。我们要夺取苏联的粮食、煤炭和石油。到那时我们将不可战胜，能继续进攻英国和美国”。警觉的武官立即把这一消息报回了莫斯科。几天后，他进一步获悉，德国进攻苏联的“巴巴罗萨”行动可能在 5 月 15 日和 6 月 15 日之间执行。

德国要进攻苏联，这并不是什么秘密。从德国对英战事陷入僵局开始，有关进攻苏联的流言就逐步流传开来。这个嗅觉灵敏的图比科夫，在 1940 年冬天（12 月 25 日），就收到一封匿名信，信中阐述了希特勒的对苏战争准备，勾勒了“巴巴罗萨”行动的详细情况，并说德军的入侵时间可能在 1941 年春。但是这封信是由谁写的，却不得而知。当时，苏联驻德国大使杰卡诺索夫把信转回来了，内务部负责人贝利亚认为这封信是假的，杰卡诺索夫上了当，充当了英美帝国主义的传声筒，因此坚决要求处分杰卡诺索夫。

消息确实令人不安。驻柏林的外交使团已经发现，德军开始了新一轮的动员，不满员的师补充满员，新兵征集工作比以往任何时候都要严格，军马的调拨数量也突然增多。德国已经征服了大半个欧洲，对英战事也很顺利，还要征募这么多士兵干什么？更令人不安的是，东普鲁士的农民被要求向德国西部迁移，并告知不要准备春耕，农民的财产和牲口都被没收，但政府会给予赔偿，类似措施在波兰东部也得到了贯彻。东普鲁士！这可就在苏联边境旁边。德国人这是要腾空边境，为战争做准备啊。

更糟糕的是，春天驻德使馆通过外交邮袋递回了一本德俄简易会话读物，其中写满了如“你是共产党员吗？”“举起手来！我要开枪了！”“投降！”“区党委书记叫什么名字？”这样的句子。这不是一本战场简明手册吗？德国人是要抓俘虏啊。

稍令斯大林宽心的是，情报部长戈里科夫（Filipp Golikov）在报告中写下了这样的判断：苏德战争爆发的时间将在德结束对英战事之后，目前“关于今春对苏战争不可避免的传说和文件，必须看作是英国甚至可能是德国情报机关散布的假情报”。

这就对了。布尔什维主义和纳粹主义是天敌，希特勒不会放过苏联，只是，德国人不会再犯第一次世界大战中的错误——两线作战。这一点，希特勒在《我的奋斗》里已经写得很清楚了。1939 年 8 月，为了稳住苏联，避免两线作战，希特勒甚至降尊纡贵，亲自向斯大林喊话，让德国外长里宾特洛甫访问莫斯科，签订《苏德互不侵犯条约》。苏联趁机与德国瓜分了波兰，然后又拿下波罗的海三个小国。现在，德国在西线的战事还没有完成，如果此时与苏联开战，德国岂不是又要重蹈一战时两线作战的覆辙？希特勒不至于这样傻吧？

这样看来，情况就很清楚了：德苏战争会不会爆发，取决于德军在英国的进展。那么，当前的德英战争形势如何呢？尽管希特勒说了大话，说要跨海远征；但凭德国海军的力量，要做到这一点只怕不容易。尽管戈林的空军对英国进行了疯狂的轰炸，连伦敦都烧起来了；但是，大英帝国显然没有屈膝，那个坚硬的反共分子温斯顿·丘吉尔正在顽强抵抗。这样看来，英国反而成了苏联的保护伞，在英国被征服之前，苏联还是安全的。

英国人意欲何为

让斯大林吃不准的是英国的态度。这个反共急先锋，已经通过多个途径向他示警，说德国即将进攻苏联，其中最典型的是英国驻苏联大使克里普斯。1941 年 2 月 27 日，这位大使在安卡拉会见了外交大臣艾登和帝国总参谋长迪尔将军后，临时举行了一个记者招待会，发表了一个惊人的声明：“也许有人认为希特勒会首先进攻英国，但是，我认为，希特勒会首先对付这个国家（苏联），时间不迟于 6 月底。”克里普斯说得有板有眼，但一个外交大臣，从哪里弄来这么机密的情报？他故出此言，不过是耸人听闻罢了。

克里普斯的身份，使斯大林不可能不认真对待他的警告。英国是个什么国家？这是一个反共先锋，从苏俄建国，它就勾结高尔察克和邓尼金等白匪军，在苏俄挑起战争，围攻布尔什维克。后来，它不得不承认布尔什维克政权，但又不断通过各种伎俩，在西方掀起反苏浪潮。目前，这个国家的领袖是温斯顿·丘吉尔，是一个铁杆的反共分子。现在，他们频频示警，难道是良心发现？当然不是，他们想与德国勾结，借希特勒的手，来消灭布尔什维克。1938 年，他们撇开苏联，与德国在慕尼黑媾和；1939 年，他们一边在莫斯科同苏联进行军事谈判，一边却在伦敦同德国举行秘密谈判。英国贸易大臣哈桑对戈林的密友沃尔塔说，两国面前有便于经济活动的三个广阔领域，这就是大英帝国、中国和俄国。与德国瓜分苏联，借希特勒之手扼杀苏维埃政权，是他们的梦想。现在，他们陷入德军的重围，每天顶着德军轰炸机的轰炸，这个时候来向苏联示好，用心不是再清楚不过了吗？他们这是在用德国人吓唬我们，用我们吓唬德国人，唆使我们互相敌对！

斯大林记起前不久英国首相丘吉尔写给他的信：“我从可靠方面获得确实消息，当德国人断定南斯拉夫已落入他们的掌心以后，即 3 月 20 日开始，便开始将驻罗马尼亚的 3 个坦克师调往波兰南方。而当他们获悉塞尔维亚发生革命时，又取消了这一调动。阁下会很容易看出这些事实的意义。”丘吉尔说的是事实，可是，那句“阁下会很容易看出这些事实的意义”意味着什么？他显然是在强调德国的目的是要进攻苏联，可信吗？按照希特勒所说，“巴巴罗萨”是掩护“海狮”计划的欺骗计划，德军在东线集结一方面是为了防止苏联“先发制人”的打击，另一方面是为了增加苏德谈判中的筹码，逼迫苏联让步，以确保其对英战争的顺利进行。而且，1940 年的世界报刊上不是传说英国和法国本身准备进攻北高加索，轰炸巴库、格罗兹尼和迈科普吗？况且证明这个传说的文件也实实在在出现了……

“不能让英美的挑唆得逞，不能给德国人借口！”想到这里，斯大林紧皱的眉头舒展开了。

他放下烟斗，又扫视了一遍摊在他面前的那份报告，情报部长戈里科夫在报告结尾的判断变得异常醒目：“1. 根据上述言论和今春可能的作战方案，我认为发动对苏战争最可能的时间，是在战胜英国以后，或在德国缔结光荣的对英和约以后。2. 关于今春对苏战争不可避免的传说和文件，必须看作是英国甚至可能是德国情报机关散布的假情报。”是的，德国与苏联虽然必有一战，但不应是现在，应该是在德国结束对英战事以后了。如果西线战事没有结束就匆忙进攻苏联，那希特勒无异于自杀。

他非常喜欢戈里科夫。这个家伙虽然没有干过一天情报工作，但却是一个出色的情报部长。他就像你肚子里的蛔虫一样，知道你心里在想些什么。1942 年这个年份可不是戈里科夫提出来的，而是斯大林的观点。“海狮”行动开始于 1940 年 9 月，德国空军对英国进行了狂轰滥炸，但效果还没有出现，英国还在硬挺着。下一步，希特勒该考虑跨海远征了吧。这当然需要时间。德军也许在 1941 年冬开始对英战争，这一过程会持续半年时间，然后它才能折向东进。这样，苏联起码在 1942 年前不会卷入战争。

德苏兵力对比

留给苏联的时间不多了，该加快军事准备的步伐了……

经历了慕尼黑危机、诺门坎事件、出兵波兰、苏芬战争几次动员后，苏联的动员体系臻于完善，兵员数额已经扩充到近四百万人。可就是这么一支强大的军队，总参谋部竟然还是说力量不足！

当然，部队的战斗力不是靠人数决定的。我们的对手德军装备了大量的装甲部队和机械化部队，还拥有一支强大的空军，并且这支部队还有组织和实施现代化战争的丰富经验。因此，对这样的敌人，我们不能小视。我们要把自己的机械化部队组建起来。1940 年 12 月的高级指挥员会议上，西部特别军区司令员帕伏洛夫上将所做的报告《关于机械化兵团在现代进攻战争中的使用》引起了大家的重视，所有与会者均认为，以后要继续加强坦克和机械化兵团的建设，以便在兵力对比上与德军相等。这已经取得了很大的成绩，从兵力上看，苏军西部边境总人数是德军的 1.5 倍以上，坦克是德军的 4 倍以上，实力远远超过德国。这支力量将遏制住希特勒发动侵苏战争的冲动。所以，德军在边境地区加强侦察力量是可以理解的，“他们害怕我们。”可见，德军在东线的集结，就是德国防止苏联先发制人的防守措施。希特勒不也正是这样说的吗？

想到苏联在数量上的优势，斯大林对苏军的质量暗暗心痛。“大清洗”使苏军失去了 3 位元帅、13 位军团司令、57 位军长、111 位师长和 220 位旅长，相当于一半高级军官被清洗掉了。303 个师，每个师都不满员，许多步兵师刚刚开始编组和训练。武器生产的速度赶不上兵员扩张的数字，相当一部分兵团缺乏武器，缺乏足够的火炮、防空兵器和反坦克兵器，坦克部队也不具备编制上规定的坦克数。第一线的飞机中 80% 以上已经陈旧，其飞行性能不如德国战机；新式飞机刚刚生产，只有不到 21% 的空军部队改装了新型飞机。只有个别飞行团进行过复杂条件下的飞行训练，受过夜间飞行训练的飞行人员不超过15%。飞机上的辅助设备质量很差，或者根本就没有，也没有雷达、定向和定位装置。飞机里没有通信设备，只有中队长才有无线电台，而且质量不稳定，常常无法使用；飞机与飞机之间、飞机与地面部队之间、飞机与基地之间不能靠无线电台联系，飞行员只能通过信号弹和飞行动作来传递信号。这一切，只好等到以后解决了。1941年2月12日制定的1941年动员计划预计要用一年时间组建300个师，空军预计于1942年1月1日做好准备，新式坦克、航空和炮兵技术装备的人员培训要到1942年底才能完成，新边界的筑垒地域也要在1942年才能完成。但愿1942年以前不要出现风波啊。

他想起了3月中旬铁木辛哥和朱可夫关于征召预备役人员补充步兵师的请求，是时候批准它了……

令人不安的军事调动

斯大林很轻松地用阴谋论对英国的动机进行了解释，又用数字证明了苏军的强大。然而，接二连三传来的警报，还是让他不能放心。苏联的情报人员从四面八方发回了警告：德国即将进攻苏联！这些能干的情报人员，不仅发回了德军行动的代号、进攻的准确日期，更重要的是，他们报回了德军的战斗序列！这就不能忽视了。

他随手拿起一份报告，这是海军人民委员库兹涅佐夫海军上将呈递的报告，报告写道：“驻柏林海军武官沃罗佐夫上校报告：……据希特勒统帅部一个德国军官说，德军准备在5月14日从芬兰、波罗的海沿岸和罗马尼亚进攻苏联。与此同时，将对莫斯科和列宁格勒实行猛烈空袭，并派伞兵在边境城市实施空降……”

戈里科夫报告说，从1941年1月起德军就开始向东普鲁士、波兰和罗马尼亚增调部队了，现在已经增加到了9个师：波罗的海沿岸军区当面有3个步兵师；西部军区当面有2个步兵师和1个坦克师；基辅军区当面有1个步兵师和3个坦克团。到1941年4月4日，从波罗的海到斯洛伐克，德军已经增加了5个步兵师和6个坦克师，准备对苏作战的部队达到72~73个师。此外还要加上驻罗马尼亚的、总数为9个步兵师和1个摩托化师的德军。到1941年5月5日，东线德军总数更是达到了103~107个师。德军还做了大量的战场准备工作：在斯洛伐克和罗马尼亚铺设第二条铁路线；扩大机场和降落场地，加紧建筑军用仓库。另外，还在城市和工业区组织防空演习，挖防空洞，进行动员演习。

不仅如此，进入4月份以来，德军的越境侦察也更加频繁了。到4月18日，苏联已经发现了德军的80次侦察飞行；甚至在4月15日，有一架德国侦察机由于飞行故障，不得不在苏联境内紧急降落，而飞机上的照相机、已经曝光的胶卷和苏联的地形图都被苏军发现了。

德军为什么把这么多的兵力部署在苏德边境？那个“巴巴罗萨”计划到底是一个什么性质的计划？希特勒说，“巴巴罗萨”计划是进攻英国的掩护计划，目的是不让英国觉察德军的对英准备。这个说法到底有几分可信度？希特勒还说，德军大量出现在东线，只是为了防止苏联“先发制人”的打击。约德尔在与芬兰代表谈判时说，德国的备战措施是防御性质的，如果德国不能与苏联达成政治协议，德国可能会发动一场预防性的战争，赶在苏联动手之前发起进攻。5月17日，德国外交部也放出风来，未来德国的行动是由苏联决定的，只要苏联满足德国的要求，德国就不会进攻苏联。

德国人的动机到底是什么？如果德国没有战争借口，战争还会打起来吗？

一连串的问题，让斯大林陷入了沉思之中……

思考题

1. 斯大林认为德苏战争会不会爆发取决于德军在英国的进展，对此观点你有何评论？

2. 斯大林为什么认为英国的示警是“帝国主义阴谋”？

3. 如果你是斯大林，如何判断德军在东线的集结以及希特勒对此进行的解释？

4. 如果你是斯大林，如何看待德苏兵力对比问题？

5. 你如何看待“巴巴罗萨”计划和“海狮”计划的关系？

6. 尝试总结苏联情报失误的原因。

7. 有关战略突袭，该案例给了你哪些启示？在判断战略突袭时，应该优先关注什么问题？

珍珠港：我们沉睡在黎明

夜幕刚刚降临夏威夷群岛，光怪陆离的霓虹灯在黑夜中变换着绚烂的光芒，舞场里翻滚着销魂的爵士音乐，情意绵绵的情侣们在海滨大街旁来回徜徉。太平洋舰队的官兵们正在纵情狂欢，尽情释放着平日里训练的劳苦。

这是一个再正常不过的夜晚，温馨而宁静。尽管这一段时间关于日美之间的摩擦不绝于耳，有关战争或破坏的警告已经几度发出，但这并没有影响官兵们正常的休假。所有的人都沉浸在欢愉的夜中，没有人想到，几个小时后，这里就要遭遇一场绝世浩劫。

1941 年 12 月 8 日，天色刚刚亮起，飞机的滚滚嘶吼突然袭来，圆形的红色徽记映照在晨曦里，瞬间将清晨的宁静撕得粉碎。在珍珠港港口外的太平洋洋面上，日本海军的舰载机，正依次从航空母舰的甲板上起飞，一架一架飞向远方。山本五十六海军大将的海上“桶狭间合战”，一场关乎国运的旷世豪赌，正式拉开了帷幕。

虚实难辨，剑指何方

1941 年 1 月 8 日晚，美国驻日本大使约瑟夫·格鲁急匆匆地拨通了罗斯福总统的电话，通话中他的语气显得有些慌张："总统阁下，前日，秘鲁驻日大使贝尔在晚餐会上跟我说起，日本人可能会攻击美军在太平洋上的军事基地，战争可能即将来临，请您预作筹谋。"格鲁还说，"贝尔使节认为，这只不过是日方的异想天开。然而各种迹象迫使我不能不信，至少是有这种可能。经再三考虑，我认为，还是电告政府为好，以便严加防范。"

罗斯福总统温言道："放心，我们这儿有可靠的情报源，当会有所准备。"

总统所说的可靠的情报源，指的是美国信号情报机构破译的日本外交电报。从 1941 年开始，美国的信号情报人员已经可以阅读日本的外交电报，由这一渠道所获得的情报，被美国决策者称为"魔术"。"魔术"情报成了美国了解日本外交意图的最佳渠道。

华盛顿十分重视这一情报来源。1 月 23 日，美国情报机构严格限制了"魔术"情报的分发范围。只有总统、国务卿、陆军部长和陆军参谋长、海军作战部长、陆军作战计划部长和海军作战计划部长、陆军情报部长和海军情报部长有资格阅读"魔术"电报，而驻各地的陆海军部队指挥官不在阅读"魔术"情报的范围之列；但如果华盛顿认为这些情报对他们有用，通常会冠以"据极可靠来源"的字样转发给他们阅读。

打牌时能够偷看对方手中的牌，对对方手中的筹码一览无余，这让华盛顿的决策者十分得意。但是，由于美国并没有破译日本的海军密码，美国对日本的军方动向并不是特别清楚。罗斯福总统向海军下达命令，盯紧日本海军的动向，重点关注东南亚的菲律宾以及苏联的远东地区。

海军情报官员克莱默不敢有半点马虎，迅速展开调查。午夜时分，手中握着彩铅的克莱默上校，不停地在军用地图上标记勾画，日本海军舰队的无线电呼号在哪里出现、频次如何。这样做近乎捕风捉影，但在没有破译对方密码的情况下，这种测向与定位，无疑是了解日本海军动向的唯一途径。

他梳理了近两年来日本海军的无线电活动情况。他发现，日本海军更换过四次无线电呼号，活动区域多集中在西太平洋一线，航空母舰的操练运动较 1938 年的数据也更为频繁，似乎伴随着大规模的舰载机起降投弹训练。凭着多年情报工作的职业敏感性，他向海军情报部上报了一份简短的报告，认为“日本海军平均每 6 个月更换一次无线电呼号，同时在加紧战备训练，如果开战，战局可能会出现在东南亚地区，控制泰国、菲律宾诸岛，拿下新加坡显然最为急迫，那里是日本战争机器最重要的物资供应基地”。

克莱默的报告很快被放在了罗斯福总统的案头，报告的观点与“魔术”所掌握的日本机密不谋而合，同时更是与智囊们的判断相互印证。基于日本人有不宣而战的传统，为保险起见，罗斯福总统还是下令加强太平洋沿线各军事基地的防卫。

2 月 7 日，克莱默上校接到夏威夷海军无线电监听站的报告，日本“赤城”号航母的无线电信号消失了，此后连续 5 天都找不到这艘大航母的踪迹。上校将自己关在情报研判室里，铺开巨大的海图，分析无线电消失前“赤城”号航母的行踪，他发现该航母曾连续半年在大洋上执行任务，而最后的无线电通联显示其位于邻近日本的单冠湾。基于此，他渐渐舒了口气，这是日本海军航母例行的返港休整补给。时间大概过去了一周，“赤城”号航母恢复无线电通联，事实证明了克莱默上校的判断。

数日后，无线电监听站再次报告，“赤城”号航母又消失了。克莱默上校轻车熟路，断定该航母并未离开日本海域。这次验证更快，仅仅2天过后，“赤城”号便出现在佐伯湾。

把握了日本海军的活动规律，克莱默非常得意。下次，如果再出现呼号丢失，就不用这么担心了。

对于日本，美国决策层和情报界一向看不上眼。这个小个子民族，虽然进步神速，但与美国相比，分量还差得远呢。

一种乐观气氛在决策圈蔓延。许多人认为，日本人口仅是美国的一半，经济实力仅相当于美国的九分之一，综合实力相差太多，日本同美国作战无异于以卵击石。一个只有加利福尼亚州那么大的日本怎么敢对美国发动突袭。如果美国对日禁运，日本储备的原材料只够使用半年，届时日本的原材料将消耗殆尽。在这种情况下，接受美国的条件以换取日本急需的战略物资，几乎是日本的唯一选择。

有些人对日本急剧扩张的海军势力表示担忧，小小的日本在华盛顿裁军会议上，竟然获得了美国和英国60%的海军实力配比。在随后的20年里，日本的战列舰越造越大，航空母舰越造越多，大有与美英分庭抗礼之势。然而，美国前海军情报部长W.D.普尔斯顿认为，尽管日本在海军航空兵的建设上不遗余力，但是，它的海军航空兵实力比美国要落后一个时代，其飞机在航母上的起降速度比美国要慢。矮个子的黄种人，不是美国精英的对手。美国巨大的人口、资源和军事实力全面超越日本。不是吗？那位驻美海军武官、山本五十六海军大将不是说过：“只要看看美国的汽车城底特律发达的汽车工业和一望无际的得克萨斯州的油田，便不难得出这样的结论：凭日本的国力，根本不能与美国为敌，同其抗衡；在海军建设上，更不能与之进行军备竞赛。”

海军情报部判断，美国的制裁已经使日本的战争机器遭到了很大的压力。日军已经陷在中国战场，无力开辟新战线；日本的生产能力已达极限，尤其在飞机制造方面，要想扩大战争已是力不从心；日本忙于建设“大东亚共荣圈”，在消化战利品之前，它不会再行扩张。

然而，不和谐的音符不时从东京发出。

远在东京的美国驻日大使格鲁一再发电表示，应注意大和民族不同于西方国家的民族心理：“对任何特定情况，都无法评估日本人会做出什么反应，也不能用西方的任何计算尺来预测日本人的行动。”格鲁认为：“倘若我们的和平努力失败，日本为了使自己不受外来经济压力的损害，也许就要全力以赴地作殊死争斗，甚至不惜实行民族切腹……有时我以为，我国的经济压力不会把日本推向战争——这种想法，若据此决定政策，将是危险的；和平计划失败，日本就要打，而它早已整装待发。无视或低估这点，把备战仅视为意在支持日本外交的虚声恫吓，都是目光短浅的行为；日美间的战争可能会危险地、戏剧性地突然爆发。”格鲁在东京任职多年，是一个典型的“日本通”，但是，他真的很了解日本吗？东京能够脱离战争的辩证法，贸然地发动战争吗？华盛顿的决策者很是怀疑。

对于美国的军事优势，华盛顿的决策者仍十分自信。

1939 年 1 月 4 日，罗斯福总统在年度咨文中指出，侵略的力量正在变得强大，上下必须通力合作才能抵御侵略者，美国必须使用“除战争以外”的所有手段来阻止侵略。在第二天提交国会的 1940 财年财政预算中，用于国防的开支占全部预算的 15%。1940 年 5 月，美国太平洋舰队在结束演习后没有像往年一样驶回美国西海岸，而是集结于夏威夷。6 月 30 日，海军部长诺克斯表示，当前正是美国海军用武之时。一个月后，他在一次公开讲话中表示，为了推行美国的远东政策，美国海军可以采取断然措施。7 月 26 日，美国在菲律宾建立远东陆军司令部，由麦克阿瑟指挥。8 月 26 日，罗斯福宣布，将向中国派遣以马格鲁德为首的军事使团，以进一步援助中国抗战。10 月 21 日，陆军部长史汀生向罗斯福保证，驻菲律宾的轰炸机“有可能成为一支强大的力量”，并认为“这支即使不完善的威慑力量，如果不马上被日本人发现的话，就有可能阻止日军南下并确保新加坡的安全”。两天之后，美国又宣布加强菲律宾的海防。12 月 29 日，罗斯福发表炉边谈话，谴责德意日三国同盟，并宣布美国将成为民主国家的兵工厂。

克莱默内心深处也是这样认为的。他认为日本只是在虚张声势，实际上他们并不敢真的打美国的主意，很可能是对英法荷等国在东南亚的殖民地出手。

总统和他的情报参谋都不知道，在远东太平洋地区，日本的军事优势是很明显的。在陆海空各个方面，日本都对西方国家形成了局部优势。如美英荷在这一地区的陆军有 20 余万人，而且被海洋分隔在各个地区，而日本却有 51 个师团，可抽调 11 个师团至东南亚作战。在海军方面，日美总体军力对比为 7.5：10，但在太平洋地区，日本却占有绝对优势；在空军方面，日本共有战机 4600 余架，美国共有 5500 架，美国占有优势，但是，美国可用于对日作战的只有 2600 架，与日本可用于太平洋作战的 2400 余架大致相当。

南进？难进！

1941年7月2日，日本召开御前会议，做出了“南进第一，如情况允许，则北进，独立自主地参加对苏战争”的结论。7月8日，美国获悉了这一内容。1941年7月17日，日本成立了第三次近卫内阁，海军大将丰田贞次郎就任外相。

7月19日，美国破译日本驻广东总领事于14日发给外务省的电报，得知日本将以法属印度支那为基地，进占新加坡，以空军和海军“一举粉碎英美军事力量”。

海军作战部长斯塔克立即向亚洲舰队和太平洋舰队的两位司令传达了上述情报。

7月25日，日本陆军第25军乘船离开海南三亚港，于28日、29日两天在法属印支南部登陆，完成了“和平进驻”。

8月4日，“魔术”破译了丰田外相7月30日致驻德大使大岛的电报。电报就日本对苏联维持现状并准备南进的理由向德国方面做了说明，表示日本的行动，意在砸碎美英两国包围自己的锁链。

同日，美方代表韦尔斯在同若杉公使会谈时，做了重要发言。他说：“日本再南进，就意味着战争。”

8月17日，刚参加完大西洋会谈的罗斯福总统回到华盛顿，召见了野村大使，并宣读了可视为最后通牒的对日警告书。

美英等国对日军进驻法属印支南部，以冻结日本资产和全面禁运石油进行了报复。当时，日本的经济大部分依靠英美经济圈。日本出口的40%、进口的2/3实际上都依赖英美经济圈。特别是石油，自给率不足

10%，余下几乎全部从美国进口。美国人掌握着日本的经济命脉，继续无所作为，迎接他们的只会是慢性死亡。东条英机说："当我想到美国在西南太平洋日益增加的力量，想到至今尚未了结的支那事件和其他问题时，我觉得烦恼就没个尽头。我们都可以在国内高谈'卧薪尝胆'，但是国民能忍受几个月？"如果日本再不采取行动，那么，用不了两三年，日本就会变成一个三等国，这是日本无论如何无法忍受的。因此，"事情已经发展到这种地步，日本要想维持帝国的生存，必须开始同美国、大不列颠和荷兰作战。"

"此刻只有打出去""日美必有一战"，成为日本国内的主流声音。喊杀声中，1941 年 10 月 16 日，相对温和的近卫文麿内阁宣布总辞职，主战的东条内阁宣告成立。

海军作战部长斯塔克立即电令美国海军各大舰队，要求它们进入戒备状态："日本内阁总辞职可能会使事态严重起来。下届内阁可能由一些强烈反美的国家主义者组成……日本似乎认为，所以发展成现今这种绝望的局面是由美英两国一手造成的，因此，日本也有进攻这两个国家的可能性。鉴于这种可能性，你们应当采取适当的戒备措施，但以不惊动居民和暴露战略意图为度。"第二天，斯塔克专门致信太平洋舰队司令金梅尔海军上将，说在日本的动向明朗之前我们必须保持警惕。结果，金梅尔和夏威夷基地陆军司令肖特命令加强对岛上的日裔居民的管控，防止其可能进行的破坏活动。

10 月 21 日，国务卿赫尔通过"魔术"得知"日本方面已经清楚地表明了主张。因此，日本的态度毋宁是毅然等待美方的反省。望贵大使或若杉公使委婉的暗示之，日本不能再在谈判上花费时间了。"赫尔判断：日本已经开动了战争机器，如在 11 月 25 日前美方不满足日方的要求，日本将决心对美不宣而战。

虽然，明确知道战争无可避免，但战争何时开始？会在哪里打响？美国的决策者们依旧一头雾水。

太平洋上的异动

知道美日关系在不可避免地滑入了战争深渊，但美国军方并不认为美国将成为日本扩张政策的牺牲品。日本虽然是美国的太平洋"邻国"，但中间毕竟隔着一个太平洋，离日本最近的菲律宾，也在几百海里之外。在日本与美国之间，有中国以及荷兰、英国、法国的属地，更有太平洋。从日本到珍珠港，几乎有 3000 海里的距离，要进行长途奔袭而不被发现，是不容易的。美国海军通常在珍珠港外 500 海里处巡逻，而航空兵则在阿留申群岛的荷兰港以南 500 海里处巡逻。此外，珍珠港还配置了雷达。这可是一个新鲜的玩意儿。只不过，陆军雷达按平常规定只操作 3 小时，其余时间关机。这让金梅尔隐隐有些担心。此外，由于珍珠港的侦察力量有限，太平洋舰队无法对夏威夷实施全方位的侦察，只能进行 128 度的扇面侦察。侦察力量集中在夏威夷的西南方向。长期以来，人们认为这些地区的防守很薄弱，容易遭到敌人的攻击。

不过美国军方确实考虑过日本进攻美国的可能性。1941 年 1 月 24 日，海军部长诺克斯把关于夏威夷防御的文件交给了陆军部长史汀生。文件写道："如果发生对日战争，日本将选择袭击珍珠港内的舰队或者珍珠港基地作为开战的时机。"诺克斯建议，最优先考虑增加夏威夷的战斗机和高射炮数量，建立防空警戒网。这份文件同时交给了太平洋舰队。1941 年 2 月，刚刚接任太平洋舰队司令官的金梅尔也对珍珠港的防空安全表示担心。在致海军作战部长斯塔克的信中，他谈道：“我认为，对珍珠港的突然袭击（用潜艇或飞机，或两者兼用）是有可能的。”1941年3月，弗里德里克·马丁和比林杰就夏威夷的防务问题准备了一份报告。这份报告特别指出，来自空中的袭击是对停泊在珍珠港的太平洋舰队“最有可能也是最危险的袭击”。英国航空母舰攻击（意大利海军基地）塔兰托似乎证明了这一担心，日本可能会效仿英国人，对珍珠港舰船实施鱼雷攻击；然而，珍珠港内水浅，飞机发射的鱼雷在到达调定深度之前得不到必要的行驶距离，攻击机也将会因防空炮火而遭到巨大损失，因而这种攻击不会成功。这让美国人又放下心来。

9月25日，美国海军通信处远东科布莱恩少校向美国海军作战部战争计划部长特纳报告：“从日本海军海上部队最近的配备看，有从中国及印支海面向日本本土移动的征候。第三舰队全部兵力已停止对中国沿海的封锁，回到日本本土的港湾。目前除一部分轻型舰艇在日本海面行动，潜艇在日本南岸海面行动之外，联合舰队没有行动，正在进行广泛的乘员轮换。在非常时期进行乘员轮换，也许可以解释为意味着为动用全部海军兵力在预作准备。”

10月21日，海军通信处向海军作战部长斯塔克报告道：“我认为，日本海军已经做了全面的动员。除南洋群岛以及亚洲大陆上所需要的应急兵力外，其余全部集结在日本本土的海域，在最近一段明显不活动期间进行了乘员的广泛轮换，看来其动员计划已经完毕。”

时间来到11月中旬，美日之间的外交谈判愈发激烈，双方在言语上你来我往。由于美国禁止对日输出，在北太平洋航行的美国船舶消失了。由于日本国内严格保密，在日本的美国间谍（朝鲜人也被利用上了）煞费心机弄到手的情报，也不能及时发往国外。

11 月 16 日后，日本海军的活动日趋频繁，美军无线电侦听站里情报工作人员的工作量也一天大过一天。克莱默上校命令参谋们每天要严密关注日本海军舰队的无线电通联，特别是持续关注集结于鹿儿岛的 400 架舰载机的训练通联；因为 9 月以来这支庞大的空中力量便在不分昼夜地训练，大战可能一触即发，而日本海军何时结束集训，便是何时吹响战争的号角。

高强度的工作，让原先配属的工作人员疲于应付，单调乏味的格式报文，更是令人疲倦，14 海区作战情报小队负责人罗彻福特直言不讳心中的苦闷，他觉得日本人不大可能朝夏威夷港湾里的己方海军动手。他曾对克莱默上校说："日本离珍珠港很远，补给困难，珍珠港又驻有重兵，外围更有舰队巡逻，日本人不可能舍近求远攻击这儿。"

此刻的克莱默尽管内心存有忐忑，但他和他经验丰富的手下根据掌握的无线电情报做出了以下主要判断：

1. 日本海军仍在基地加强训练，因为其国内的舰载机训练频次并未降低，11 月 15 日日本曾组织大量的海军官兵参观游览东京。

2. 日本随时可能开展突袭，目标极有可能是泰国、法属印度支那和缅甸。11 月 25 号的无线电通联显示，日本陆军正准备从上海出发乘船南下，前往台湾南部。

3. 需要加强跟踪观察，不需过分加强夏威夷海军基地的防御级别，从而引起不必要的恐慌。

基于以上判断，克莱默命令他的部属保持伴随性无线电情报保障，他认为这一切已足够掌握日本海军的动向。他向海军作战部部长斯塔克汇报，我们的情报机构能够提供充分的预警时间。斯塔克深以为然。

11 月 25 日中午，罗斯福总统在白宫召开了最高军事会议。罗斯福指出，日本人早就有不宣而战，突然袭击的坏名声，要提防日本人这一手。27 日，陆军参谋长马歇尔和斯塔克向总统递交了《关于远东形势的意见书》，预料日本将南进，特别是要侵入泰国。为了与之对抗，在加强菲律宾防御力量之前，美国应尽量避免对日作战。罗斯福同意发出最后警戒命令。海军部在给太平洋舰队的命令中指出："日美谈判已经结束，估计日本将在最近几天内采取侵略行动，看来日军要对菲律宾、泰国或克拉地峡（马来半岛）或婆罗洲采取行动。"命令中未提及夏威夷。

夏威夷的海军官兵们将飞机成排的停在停机坪上，继续沉浸在欢乐的气氛中。

难以捉摸的电波

12 月 1 日午间，克莱默上校收到夏威夷侦听站上报："日本海军更换了无线电呼号。"上个月，日本海军刚刚更换过无线电呼号。

因为已有前番的判断，克莱默上校对此并未过多关注。他认为，更换呼号是日本海军训练过程的需要，不必大惊小怪。海军通信处《国际形势简报》认为日本对泰国采取早期行动的可能性很大，并认为由大型舰只组成的大部队以及航空母舰部队，仍留在日本本土水域。海军情报部远东科科长麦卡勒姆中校认为："从整个形势看来，日本主要战略矛头所向，第一步是事实上支配和占领泰国，第二步大概是迅速进攻英属领地，例如缅甸和新加坡。"美国驻外使领馆和船民都报告，在法属印度支那海岸发现了日本海军的踪迹，日本人在南进。

12 月 2 日，侦听站继续上报日本海军舰队的动向，然而这天的报告格外简单，侦察人员发现日本主要舰队的无线电通联一夜间消失了。

12 月 3 日，克莱默从无线电文中获悉，日方指令大使馆应销毁密码机、密码本和密码略语。“谈判几乎破裂，战争就要到来，看来东南亚的英国人怕是要遭殃了。”克莱默判断道。

12 月 5 日，克莱默的部属截收到日本人吉川猛夫化名“森村正”发自珍珠港的电报，电文中提到有 8 艘战列舰、3 艘巡洋舰、16 艘驱逐舰驻留港中。对于这份奇怪的报文，克莱默的判断是，日本意图观察我方的海军动向，判断我方是否出击东南亚。他指示继续观察。结合连续 3 大的情况，对于日本海军电联消失的情况，克莱默将情况一五一十地报告给了海军作战部长斯塔克。斯塔克判断：“看来日本的海军仍未离开本土，很可能在做最后的休整。”

……

思考题

1. 如何分析美国和日本之间的力量对比？
2. 如何看待美国对日本的经济制裁和军事遏制对日本的影响？
3. 美国有没有确切的情报来源可以判断日本的动向？
4. 如果你是克莱默，会如何判断日本海军的动向？
5. 在本案例中，美国情报机构表现出哪些明显的失误？

加来，还是诺曼底？

“看！是什么在闪光？”

正在加来海滩巡视的德军顿时紧张起来。他们发现，那些闪光的东西是照相机闪光灯。此前，他们已经抓获了敌军侦察员，但没有发现什么侦察装备。那些侦察员虽然嘴硬，但经过审讯，一个侦察员还是交代了自己的任务：侦察加来海滩障碍物，弄清德军的实力和准备情况，并查出布雷区的主要位置。侦察员还供认，除加来外，他们还受命侦察荷兰、比利时和英吉利海峡，包括诺曼底……

消息传到希特勒耳中，让本就反复无常的元首更加焦躁。现在已经是 1944 年 5 月下旬了，关于盟军主攻方向这个问题已经困扰他许久。盎格鲁 – 撒克逊人到底想干什么？！他们的主攻方向到底在哪里？是加来，还是诺曼底？还是两者都是？

希特勒反复念叨着这两个地名。他多么希望他的情报人员能够给他一个肯定的答复！可是，看看那些情报，只能是让他更加烦躁！

来自西线外军处的报告

阿历克斯·巴龙·冯·伦内，德军西线外军处处长。在他那无框眼镜和紧锁的双唇后面，有一副像玻璃一样清晰的头脑。作为德军西线的首席分析家，他有“头脑冷静，讲求实际”的美名。

他是少有的几个受到希特勒宠幸的情报人员之一。希特勒对德国情报界提供的众多的情报分析报告并不恭维，可只要是署名伦内的分析报告，希特勒必定是要仔细过目的。

伦内领导的西线外军处始终在密切关注着敌人的动静……

西线外军处本身是一个情报分析机构，它无权向国外派遣间谍，外派间谍由德军谍报局负责。谍报局派出了不少间谍，他们也发回了大量的报告。但对报告的准确性，伦内和其他情报用户都心存疑虑。海军情报机构的一位负责人认为，间谍的作用是微不足道的，间谍提供的情报不仅不能澄清事实，反而会引起更大的混乱。东线外军处的统计表明，间谍的报告只有 20% 的准确率。德国空军情报部门一位负责人认为，德军谍报局提供的人力情报“几乎是在开玩笑”，说这些材料的价值远远比不上无线电侦察、战俘审讯和敌方的报刊。

所以，伦内还是更信任通信侦察团。在西线，具体负责无线电侦察任务的是第五通信侦察团，第五团包括三个通信侦察营和四个固定监听站。虽然德军在破译盟军的密码方面没有取得突破，但是，凭借着侦听员灵敏的耳朵和西线外军处扎实的分析能力，外军处还是发现，从 1943 年底开始，地中海战场的通信量在逐渐减少，英伦三岛的无线电通信量在逐渐增加，英伦三岛已经变成一个兵营。他们还发现，美国的精锐部队第 82 空降师已经从意大利调到英国。

无线电情报人员通过侦听和测向发现了越来越多的盟军部队，西线外军处因而编制了驻扎在英伦的盟军战斗序列：英国第 50 步兵师“大概在东南军区”，而第 51 步兵师——精锐的苏格兰高地师——从 3 月 1 日就已经在那里了。美国第 1、第 2、第 4 和第 30 步兵师，第 2 装甲师，第 15 和第 19 军等都在英国。外军处把这些内容汇总起来，得出了盟军的总兵力。在大不列颠有 22 个美军师，还有 57 个英国师、加拿大师、波兰师和法国师，此外，还有 19 个装甲旅和 8 个伞兵营。这样算来，敌军大约有 80 个师在英国。

无线电情报人员还发现了美国第 1 集团军群和英国第 4 集团军群，这两个集团军群的上空充满了无线电信号，苏格兰上空也经常可以听到由营到团直至集团军的无线电通信。无线电情报人员把他们的对话汇编成册，几达 8 英寸厚。从电子信号来看，这两个集团军群竟有百万人之众，而第 1 集团军群的司令部就设在多佛尔。这两支部队的存在，也从报纸、电台得到了证实，报纸上充满了这两支部队的报道，电台里满是给他们点歌的声音。

西线外军处还从公开途径了解到，能征善战的美国名将巴顿已经到达英国。在印象中，这个人走到哪里，哪里就有大战。他总是扮演主攻的角色。现在，他来到了英国，经常去拜访艾森豪威尔，访问苏格兰，会见第 3 军的前卫部队，视察德军战俘营，同英国上流社会的人士交谈。1944 年 3 月 20 日，艾森豪威尔的司令部宣布，巴顿已经放弃了他在第 7 军的职务，另有任用。伦内在通报中写道：“现已查明，曾在北非战场服役、以其效率闻名的巴顿将军，现在正在英格兰。”

“第 1 集团军群，巴顿，多佛尔，80 个师，这意味着什么？”

“敌人将要从英国进攻大陆！”伦内肯定地对自己说。1944 年 2 月 8 日，他把这一判断报告给了最高统帅部：“1944 年，（敌人）计划在东地中海以外地区实施作战行动，其目的在于迫使（就世界性的战争）做出决定，因此，（敌人）将倾其全力（从英国）发起这一行动。”

加来及诺曼底海岸参考图示

但是第 4 集团军群呢？那又意味着什么？难道敌人真要四处出击？从战场态势来看，他们确实在四处点火。北面的挪威、瑞典，南部的地中海，甚至东南欧的巴尔干，都遭到了他们的威胁。

从 1944 年春季开始，挪威频繁遭到英国特种部队的袭击；敌人的空军明显增加了对北欧的照相侦察次数；敌人还轰炸了德国在挪威的滚珠轴承工厂，就连该死的瑞典也终止了对德国的供应，这当然是受英美国家的胁迫所致；还有那些神出鬼没的北欧地下抵抗力量，最近英国与他们的无线电联系也显著增加了……

伦内在屋里来回踱步，脑中像放电影一样回想着北欧最近的情景。

还有巴尔干。对帝国来说，巴尔干太重要了，这里可是维系帝国机器运转的重要石油来源。元首曾经说过，罗马尼亚的铁门才是帝国真正的东部边界，德国永远不会放弃对它的主权要求。可是，自从春季苏军逼近罗马尼亚和匈牙利后，这两个国家竟然萌生了叛变的念头！

“四处出击？盎格鲁－撒克逊人真有这样的意图？”伦内的思绪又回到了这个令人头疼的问题上，他还是有些将信将疑……

真是让人抓狂！

加来？诺曼底？

“毫无疑问，盎格鲁－撒克逊人会从英国进攻大陆，只是，哪里会是主要攻击地点呢？”希特勒望着眼前的巨幅地图，心里默念着。“一定是一个大的港口……”这一点他早就想到了，他已经让德军把西线全部的主要港口化为要塞了，否则，隆美尔怎么会想到在漫长的海岸线上修筑“大西洋壁垒”呢？

加来、瑟堡、布列塔尼……一个个港口从他眼前闪过，他默默地盘算着。

他想听听龙德施泰特的意见。

龙德施泰特，这位非常典型的德国军官，虽已年过七旬，但他的风度和思想，仍不失为参谋总部训练的那种准确和规范。此时，他和希特勒一起站在地图前，这是他们都反复审视研究了无数次的地图。他们将目光巡视了整个法国海岸，最后，龙德施泰特近乎肯定地说：“盎格鲁－撒克逊人将从海峡中比较狭窄的地方”进攻欧洲，而这个地方，只能是加来，因为整个英吉利海峡加来处最窄，仅 21 海里。

龙德施泰特有条不紊地分析道：

如果从诺曼底登陆，其距离是从加来进攻的 3 倍，如果从布列塔尼登陆，则是从加来进攻的 5 倍。这三条路线，孰优孰劣，可以说是一目了然，敌人会舍近求远吗？而且，加来海峡离得近，不仅可以得到英国最大的空军支援，还能缩短舰船和飞机的运行时间，实际上等于船舶的吨位和空军力量有了成倍的增加。加来海峡还靠近鲁尔工业区，是直逼鲁尔的最短路线。

龙德施泰特指着加来海岸后面的平坦地区说道：

“这是个平坦、开阔的地区，是巴顿坦克的理想之地。一旦他们在这儿站稳脚跟，那他们 4 天工夫就可以打到莱茵河。他们将深入鲁尔河流域，摧毁我们的工业力量。如果他们在诺曼底或者布列塔尼登陆，就有可能无谓地陷在那里几个月。然而，要是在加来登陆成功了，元首，战争将在圣诞节前结束。”这样的话听起来虽然让人感到不舒服，但是希特勒也承认，如果打到了鲁尔，战败将成定局。

龙德施泰特继续说道：

从加来登陆，盎格鲁－撒克逊人可以占领港口，控制海上通道。如果没有港口，大批作战物资就无法安全、迅速地上岸。诺曼底半岛虽有两个港口，但加来地区有 3 个，而且靠近比利时防线的结合部，对于他们来说，攻击起来相对比较容易。

盟军对加来的兴趣，从间谍提供的情报也可以看得出来。一位“阿尔及尔的友好人士”说，盟军的主攻目标将是荷兰的斯凯尔特河入海口到法国的塞纳河之间的地区。这在一定程度上指的是加来海峡。什切青谍报站的一个尚在试用的特务，从他的一个下级特务那里听说，盟军将向法国南部大西洋沿岸和加来海峡发动进攻。里昂活动报告中心的特务

“克拉贝”向他的特务头子报告，最初对瑟堡的进攻将是佯攻，随后才发动主攻，但他没有说在什么地方。就连伦内的西线外军处也没能给出肯定的判断。他说，在英国的盟军集群有三条主要进攻轴线：直插索姆河以西地区（意思是直逼勒阿弗尔和科唐坦），直插索姆河和海峡沿岸以东地区（这里主要是指加来海峡）以及比利时—荷兰。

“您注意到敌人的轰炸行动了吗？”希特勒边说边翻出一份情报报告递给龙德施泰特。

报告显示，盟军在对法国的轰炸中，绝大多数的炸弹都落在了“比利时－法国北部”地区，仅 1944 年 5 月的后半个月，盟军轰炸这个地区出动的轰炸机就达 100701 架次。虽然盟军同时也轰炸了诺曼底和布列塔尼，只不过在同时期，那里只出动了 5059 架次。不仅如此，盟军还轰炸了大量的桥梁和道路，包括加来海峡的铁路线，塞纳河上的桥梁，特别是鲁昂铁路中心一带的桥梁，瓦兹河和索姆河上的桥梁，还有加来海峡的省会阿拉斯城、比利时的蒙斯和沙勒罗瓦的小河和小河上的渡口。

“这些轰炸意图很明显。”看到龙德施泰特翻阅完了报告，希特勒说，“这些桥梁和道路都是通往加来海峡的必经之路。他们炸毁通往加来的铁路线，显然是为了阻止我们把军队从外部调到这个地区；塞纳河上的桥梁被炸毁，就阻碍了我们从科唐坦、布列塔尼和整个法国南部大西洋海岸地区到加来的海峡运输；而炸毁瓦兹河和索姆河上的桥梁，就切断了加来海峡和巴黎、法国东南部以及意大利之间的交通；对阿拉斯城、比利时的蒙斯和沙勒罗瓦的小河和小河上的渡口的轰炸，意图更加明显，就是为了堵住我们从大本营往加来海峡的军事调动。”

说到盟军的轰炸，龙德施泰特倒心生怀疑，因为这些轰炸的意图如此明显，是不是敌人的诡计呢？本来，在龙德施泰特看来，虽然盎格鲁－撒克逊人会选择加来作为主攻地点，但是诺曼底同样也处于危险区域内，他们会不会先在瑟堡半岛建立起桥头堡，然后再主攻加来呢？

说到瑟堡，说到诺曼底，不可否认，这是希特勒也曾经想到过的地方。希特勒曾经想过，加来作为一个登陆场，固然有很多优势，但是它也有显而易见的缺陷。比方说，加来的出口较少而且狭窄，会堵塞登陆部队向内地的突击。此外，加来地区虽然有两个港口，但是这两个港口还是停泊不下集结兵力所需要的船舶。加来海峡与距它最近的大港口勒阿弗尔之间的距离，比瑟堡距登陆场要远得多……

最重要的一点是，加来作为一个登陆场的优势太突出了，盟军如果在这里登陆，根本无法达到出其不意的效果。根据克劳塞维茨的观点："没有突然袭击，要取得决定性的优势几乎是不可想象的。"而这就足以使它不可能成为一个优秀的登陆场。

相比较而言，诺曼底作为一个登陆场，倒是可以做到出其不意。

这样看来，诺曼底的防御也不能掉以轻心啊。

这一主张得到了隆美尔的支持。和龙德施泰特一样，隆美尔也认为，一切迹象、一切理由都表明，盟军将在加来登陆："敌人登陆作战的焦点可能指向第五军团的地区（加来海峡），其主要原因是从这个地区，我们可以向英格兰的中部和伦敦发动长距离的飞弹攻击。由于海面上波涛汹涌，敌人势必以最快的速度夺取一两处港口，以便大船的使用。他们更可能赶紧占领我们准备发动长距离飞弹攻击的基地地区。""很可能敌人的主力会先投于布洛涅和索姆河口之间，以及加来两侧的地带。在这些地区中，他们可以获得最好的长射程炮兵的支援，同时无论对于突击和补给而言，其海上的距离也都最短。而且在使用空军时，这里的条件也最为有利。”

但是，兵法说，虚则实之，实则虚之。虽然一切迹象都表明加来是最“合乎情理”的主攻地点，但是，蒙哥马利会拿士兵的生命去冒险吗？如果他是蒙哥马利，他将从卡尔瓦多斯登陆，利用装甲部队将德国第 7 军和第 15 军分开，然后向巴黎挺进。而且，不论盟军从何处登陆，它必须处于空军最大有效作用范围内。但是这个范围还是太大了。隆美尔甚至怀疑西线外军处过高估计了盟军的兵力，盟军哪可能有那么多的兵力。盟军只会在一处地点登陆，或者是塞纳河口，或者是索姆河口。

隆美尔对西线外军处的怀疑，希特勒是不以为然的。但是，隆美尔对于盟军到底会在几处地点登陆的怀疑却提醒了他。希特勒恍然大悟，“加来，那是盎格鲁－撒克逊人必将进攻的地方，那里——除非一切都弄错了——还将是同盎格鲁－撒克逊人的登陆部队进行决战的地方。但是，他们还将向其他战线发动牵制性进攻。比如可能从多处同时入侵法国，诺曼底和布列塔尼这两个地方遭到进攻的可能性极大。”

照相侦察也显示盟军对诺曼底地区很有兴趣。德军在 Me109 式战斗机（这种飞机速度很快，可以在同盟国的飞机赶上它们以前，抓紧机会拍摄照片）的尾部装上特殊照相机去侦察。在整个 4 月和 5 月的第 1 个星期，侦察中都没有发现船只的明显布局。但是，4 月 25 日，空中侦察表明，在朴次茅斯、南安普敦和英国南部海岸中心赛耳塞比尔集结了 234 艘坦克登陆艇，254 艘小型登陆艇，170 艘辅助登陆艇，还有 15 艘运输船，海军估计它们可运输 7 万人的部队。因此，陆军总司令部提出：主要突击点表明是在朴次茅斯到普利茅斯之间的地区，在英国西南端的附近，这意味着要进攻布列塔尼和诺曼底。5 月中旬，空中侦察中断了 10 天，无法证实或否定上述看法。当侦察恢复后，虽然有时远远地深入到英国西部，但提供的情况却是不完整的。

加来、诺曼底，这真是让希特勒和他的将领们伤透脑筋的两个地方。德国必须对盟军的主攻和助攻甚至是佯攻地点做出判断，因为，击败盟军的入侵，希望在于入侵发生的第一时刻，调集德军重兵集团，集中力量，一击而中。这一点，他在 1944 年 3 月 20 日的会议上也已经英明地指示过了。他说：“不论在什么情况下，都必须在几小时，最多不超过几天内把敌人的登陆行动打垮”，“一旦把登陆挫败，敌人就再也不可能组织新的入侵”。隆美尔在视察大西洋防线时也说过，必须把敌人阻止在海岸和滩头上！

登陆日的抉择

与判断主攻与佯攻地点的伤脑筋相比，判断盟军的进攻时间则相对容易。

隆美尔认为，盟军要入侵，至少必须有 6 天稳定的气候做保证。在 6 月份，只有两段时间，其月光、拂晓和潮水的条件能配合一致，有利于进攻，第一段时间是 6 月 5 日到 7 日，第二段时间是 6 月 12 日到 14 日。

6 月 4 日，在做完每周一次的情报分析后，隆美尔敦促立即开始对英国南部和西南部港口进行空中侦察；但由于海峡上空天气恶劣，暂时无法做侦察飞行。而且，加来海峡浪高 5 到 8 英尺，在这样的风浪中，根本无法渡海远征。加来海峡预计还有 6 级大风，瑟堡海面有 7 级大风，云层距地面只有 900~1800 英尺，在这种情况下，也无法从空中发起进攻或空投伞兵。德国空军气象专家瓦尔特 · 施特贝预报，近日内天气多变，尽管月相和潮汐可能有助于登陆行动，但坏天气将使盟军在两周内不可能发起主攻。风暴席卷城堡，证实了施特贝的预报，隆美尔因而决定，他将于第二天返回德国，和希特勒讨论装甲部队的指挥权问题。在给最高统帅部的报告中，隆美尔的司令部指出，由于气候恶劣，部队在长期警戒后，准备在这段时间休整一下，预计盟军的主要登陆点仍然是加来地区。

第二天（6 月 5 日）早晨 6 点，隆美尔如期离开法国，向老家急速驶去。

德军也取消了空中和海上的行动，并允许军官在当地告假游玩。

这一天，龙德施泰特在报告中写道："敌军空袭的"规律一如既往，而且越来越加强了，说明进攻的准备工作又前进了一步，但"目前尚无入侵的可能"。

但是这一天下午的时候，第 15 集团军的间谍部门却向 B 集团军群（隆美尔）、西线总司令部和国防军指挥参谋部参谋长报告了一条他们收听到的情报：6 月 4 日夜，他们收听到了一行诗句——"凄声切切，刺伤我心"。对于这行诗句的隐含意义，德军参谋部很清楚。1944 年 1 月，德军谍报局局长卡纳里斯海军上将获悉了英国播音员在登陆前夕将对法国地下抵抗组织发出的无线电通讯稿的全文。在这篇通讯稿中，有两行凡雷恩《秋之声》中通俗易懂的诗句，其中一句是——秋风瑟瑟，提琴长吟——作为 6 月 1 日或 15 日实施登陆的预先通告；第二句就是"凄声切切，刺伤我心"，这是要作为登陆开始前 48 小时的进一步通知所用。

这一天的午夜时分，第 15 集团军的监听人员还截获了盟军在海上和空中正在实施大规模机动的情报。

这些到底意味着什么？难道进攻要开始吗？

第 15 集团军司令冯·扎尔穆特大将立即签署了命令，让部队进入一级战备状态。

这实在是一个不平静的夜晚。

凌晨一点（6 月 6 日），刺耳的战斗警报声突然划破了诺曼底沉寂的夜空。警报声来自第 716 步兵师。听到警报声，第 84 军的独腿军长马尔克斯马上向他的部队发出了戒备命令。接着，这位独腿军长收到了一个奇特的报告：他的部队发现，盟军投下了大量的橡皮假人，这些假人落地后即发出爆炸声。

“橡皮假人？伪装用的橡胶假人。可是，敌人为什么会发起伪装行动？不，每一次伪装行动都不是无缘无故的！”

果然，没过多久，其他部队即发现了空投的美军和英军士兵。他们有的落在了村庄里，被村民发现了。有的则直接落在了镇中心，被德军击毙了。

凌晨 3 时，西线总司令部把一份关于敌人强大兵力在诺曼底空降的报告送到了大本营。设在施特鲁布兵营的国防军指挥参谋部的所有工作人员顿时忙碌起来。一系列重要报告，不断由“西部集群”的参谋通过电话传送到“小总理府”——约德尔的副官处。通讯中心也报告说，他们受到了强烈的雷达干扰，很多设备都失灵了。虽然，平时他们也经常遭遇这种情况，但从未这么严重过。

难道敌军真的要开始登陆行动吗？可是海面上还是一片平静。值守在诺曼底前沿工事里的人员报告说，那里和平常一样，瑟堡遭到了猛烈的轰炸，只是轰炸在向卡昂方向蔓延，还有通往第 6、第 8 战区的线路断了。

“这只是一场局部攻势。”隆美尔的参谋长斯达派尔镇定地说。

“这分明是一场大规模的军事行动！”第 7 军团参谋长贝姆塞尔争辩道。

“隆美尔说过，这样的天气敌军不可能发动登陆作战，统帅部的判断不也是这样的吗？”斯达派尔心里嘀咕着。但是他没有再对情绪激动的贝姆塞尔说什么。他决定把情况汇报给龙德施泰特。

龙德施泰特也认为这只是一场小规模的登陆。但是，龙德施泰特的心中又升起一丝担忧：“敌人会不会来个弄假成真，将计就计，把这种登陆演变成一场大规模的入侵呢？要知星星之火可以燎原，要是那样，事情可就糟糕了。”

“必须调来装甲部队，打退敌人的登陆！”龙德施泰特下定决心。

但是，这些装甲部队不在诺曼底附近，而且也不归他指挥。它们有的听命于隆美尔，有的则直接听命于希特勒，虽身为西线总司令，他无权调动这些部队。

他犹豫了一下，还是决定先斩后奏，命令听从他号令的党卫军第 12 装甲师和利尔装甲师向海滩开去。他知道，此时离天明还有两个小时，盟军的空中优势还发挥不出来，一旦天色大亮，这些坦克将成为盟军飞机的活靶子。

龙德施泰特让他的作战指挥官博多・齐默尔曼拨通了最高统帅部的电话，他要最高统帅部确认他刚才发出的命令。在一阵有些漫长的等待后，听筒那边传来了暴怒的回复：立即取消龙德施泰特的命令！

齐默尔曼仿佛看到了听筒那边的约德尔那暴怒的面孔。但是，齐默尔曼还是忠实地转达了龙德施泰特的看法：“西线统帅部十分清楚，如果这确实是敌军发起的一场大规模战役的话，只有立即采取行动才能免于被动。这就需要在今天动用现有的战略后备力量，否则敌军很可能在诺曼底地区成功登陆。”

“你们根本没有资格作出这样的判断！”约德尔毫不掩饰他的愤怒之情。“元帅刚服了安眠药在睡觉，我不能拿这些报告去吵醒他。起初，报告说是伞兵击落飞机上的飞行员，然后又说是橡皮假人，然后又说其实有伞兵空降，也可能是敌人的一次突击行动而已。这些足以构成调动装甲部队的理由吗？！”

“可是……”齐默尔曼还想讲些什么，但立即被听筒那边的怒吼声打断了：“一切要等元首做出决定，你的任务就是服从命令！”齐默尔曼听出来了，这是最高统帅部陆军作战部主任特罗伊施·布特拉·勃兰登菲尔斯的声音，显然，约德尔已经不愿再和他多说什么。齐默尔曼只好放下听筒。

6:30分，诺曼底的海滩迎来了新的一天。因为这个不平静的夜晚而在前沿工事里蹲守了大半夜的指挥官普鲁斯卡对下属抱怨又浪费了一个晚上，他要回去睡觉了。离开工事时，他又拿起望远镜看了看海面。他惊呆了：海面上有黑压压一片、至少5000艘军舰在驶来！他立即报告给了他的上级。他的上级淡定地说道：“亲爱的普鲁斯卡，控制一下自己，敌人的船只连这个数字的一半都到不了！”

但是，很快，奥马哈、犹他、朱诺等沿诺曼底一线的五个海滩都出现了盟军的登陆艇……

此时，穿着睡衣、正在摆弄着要送给夫人的生日礼物的隆美尔也接到了斯达派尔从前线打来的电话：敌人的进攻开始了。隆美尔的脸一下子变得苍白。他首先问道：“从元帅那里获得装甲部队指挥权了吗？”“元帅正在睡觉……”隆美尔没有再多说什么，他放下电话，毫无表情地喃喃自语：“我太愚蠢了！我太愚蠢了！”他立即披上戎装，驱车前往西线……

7点半，希特勒终于醒了。约德尔告诉他，盟军已经在诺曼底登陆，他撤销了龙德施泰特调动两个装甲师的命令，说这两个装甲师没有元首的命令不许调动。希特勒肯定了他的做法。

“伦内怎么看呢？”希特勒还想听听伦内的意见，看看他是如何看待这个问题的。于是，他命令伦内火速对形势作出判断……

思考题

1. 德军有哪些情报来源？对这些来源提供的材料，应作如何考虑？

2. 如果你是伦内，根据西线外军处所获的情报，你会如何判断当时的局势？

3. 让希特勒做出盟军将会把加来作为主攻地点这一判断的主要依据有哪些？你如何评价？以当时历史条件为依准，判断登陆作战的指标应该包括哪些内容？你如何评价德国对这些指标的把握？

4. 如果你处于希特勒的位置，面对当时的情势，会如何决策？

5. 根据材料总结德国情报失误的主要原因。

6. 对这种涉及可能性的判断，有没有更好的情报分析方法或路径？如何具体组织？

仁川登陆

在亚洲北部的朝鲜半岛，6 月代表着季风季节的开始。1950 年 6 月 25 日，一阵突然的炮火打破了这个星期日黎明的宁静，朝鲜人民军一支近 9 万人的大军和 150 辆苏制 T–34 坦克以雷霆之势快速向“三八线”以南挺进，气势如虹……

溃败！危机！

身着褪色的咔叽衬衫和有些皱巴的皮夹克，头戴镶有金边的破旧大檐帽，胸前挂一架望远镜，尽管天气阴暗依然会戴着一副墨镜的麦克阿瑟，邋遢又帅气地伫立在山头上。他内心焦躁不安，但却装出漫不经心的样子。他非常清楚这几天自己情绪的变化。就在周日战争已经爆发 12 个小时后，自己会见杜勒斯和艾利森时还泰然自若地叼着人所熟知的玉米穗芯烟斗在宽敞的办公室里神态轻松地踱来踱去；他还清楚地记得自己对客人们说：“这可能仅仅是武力侦察。假如华盛顿对我不加妨碍的话，我可以把一只手绑在背后，只用一只手就可以对付。”他还知道就在星期一上午，自己还认为穆乔大使撤离平民的行动“太操之过急，没有理由惊慌失措”，韩国的部队一定能够抵抗得住朝鲜的进攻。但是仅仅过去四天，战争形势骤然变化，韩国部队不仅一再溃败，连李承晚政府也已从汉城撤出，将士们在精神上和战斗力上都被这突然袭击击倒了，一时半会儿还回不过神儿来。而送到第一大厦（麦克阿瑟在东京的总部所在地）的一大堆情报都没有现场感，没有指挥官所需要的那种战斗呼啸与轰鸣的真实感。虽然就在几个月前自己曾出席过李承晚总统的就职典礼，但除此之外，对这块正在爆发战争的土地就再也没有任何亲身经历了；看过战前的韩国陆军报告，本以为这支部队能够抵抗得住朝鲜的进攻，但它却令人失望地瞬间败下阵来。韩国的这支军队还有救吗？败阵之师还能够被重新打造成骁勇战士吗？“判断一场战斗的唯一方法就是亲临现场！”所以，自己必须来前线看一看。就在刚才见到李承晚时，他用最精辟的语言概括了当前的局势——“我们处境险恶”。丘奇准将给出的数字是，10 万人的韩国陆军仅剩下 2.5 万人了。而眼前的景象更加证明了韩国的防卫潜力已经耗尽：汉城内一片火海，天空中回荡着弹片的尖啸声，“溃不成军、气喘吁吁的军队……挤满了所有的道路，汇成一股蜿蜒移动、尘土飞扬的人的洪流”，向汉江以南逃窜。麦克阿瑟放下胸前的望远镜，意识到丘奇准将的看法是对的：尽管美国海军在海上的实力无与伦比，但单靠舰艇和飞机是无法挽救当前局势的。眼前的景象刺痛了双目，今后的策略在脑海里翻滚……当久久伫立在山头的麦克阿瑟再次极目远眺时，一个扭转战局的宏伟计划已然在胸中渐显，轮廓逐渐清晰起来……

处处告急!

杜鲁门总统对着即将离开他办公室的中央情报局局长希伦科特少将大怒:“我认为中央情报局是一个情报机构,不是记事板!”

正如杜鲁门在日记中所坦露的那样,这一段日子搅得他焦头烂额,他的脾气异常暴躁。首先是情报部门失灵,他得不到自己想看到的情报。他深知担负亚洲方向情报工作的麦克阿瑟将军在东京的远东司令部G–2军事情报处和远在地球另一边的华盛顿的中央情报局都是人财俱乏,难担大任;而且两个机构间还存在罅隙,主要是麦克阿瑟曾与战略情报局(中央情报局前身)势不两立,所以也绝不让中央情报局染指他的战区。因此中央情报局无法涉足日本和朝鲜,在东京“站”总共才三人,窝在一家旅馆的客房里工作。中央情报局在亚洲根本没有一个牢固的立足点,始终无法在远东恢复工作。中央情报局似乎很擅长分析和指指点点,但却缺乏最需要的准确的情报预警能力,对朝鲜爆发战争的可能性评估,是长于宏观分析而缺少具体预测,过于关注全球宏观问题而忽视了特定形势的具体分析。

——从3月1日至战争爆发,中央情报局的《每日综述》中未曾提到过朝鲜。

——而同一时期中央情报局的《每周综述》曾6次提到朝鲜,3份报告谈及5月份的国民议会选举,其他3份报告分别报告的是动荡的政治经济形势、朝鲜离苏联和共产党中国太近、朝鲜正掀起一场“和平”统一运动。

——战争爆发前,中央情报局的一份题为《当前北朝鲜政权的实力》的地区性情报报告中最后一次谈及朝鲜问题，报告日期注明是6月19日，但使用的素材只截止到5月15日。报告指出，“北朝鲜有能力以短期的军事行动实现针对南朝鲜的，包括夺取汉城在内的有限目标”。报告提及了分界线附近的朝鲜坦克，但却只字未提沿线村民撤出一事。

杜鲁门知道中央情报局的情报搜集能力匮乏使它在自己心中无足轻重，自己经常想不起希伦科特和他的中央情报局，在朝鲜入侵后头几天的会议上，自己都没有邀请这位局长出席。不过说实话，他的存在也确实对于会议没有太多的助益。那么远东司令部的G–2呢？杜鲁门皱了皱眉头，长吁一口气。

与中央情报局的情报匮乏正相反，远东司令部军事情报处简直就是一台庞大的吸尘器，各种细枝末节、模棱两可的信息以及漫无边际的猜测统统被它搜罗来了。在杜鲁门的印象里，G–2的《每日情报综述》繁冗拖沓，有时长达40多页，阅读它就仿佛在集市上听一群老太太传闲话，什么家长里短呀，什么流言蜚语呀……以致看完厚厚的材料，本来清醒的头脑却混乱起来，不知所云。朝鲜战争已经爆发了，作为事后诸葛，如果再重新审阅冗长的《每日情报综述》，确实能发现在成堆的纸张中散布着几页带有征候信息的碎纸片。例如，5月末的一项情报给出了有关朝鲜人民军组建了一个新坦克旅的异乎寻常的详细报告：估计有180辆中型和轻型坦克、1万名官兵，还有诸如反坦克炮、野战炮、摩托车这些支持设备。然而G–2在5月25日的《每日情报综述》的一项评论中，却不认为这一情报为有效情报。G–2声称：“先不论在部署上——比方说一个坦克师时——通常会遇到的那些困难，感觉上要在北朝鲜组建这样一支部队，在经济上和军事上都不切实际。”此外，G–2曾探知并搁置了另一个有关战争迫在眉睫的征兆：居住在“三八线”周边两英里之内的所有住房都搬迁了。G–2 为自己的解释是：一些农民也许是为了避开朝鲜人民军“在分界线附近埋设的地雷的危险”。G–2 将出现的任何被迫撤离都解释为“出于给部队腾出地方居住的需要，出于在经常发生边界冲突的地区进行耕作的不现实性，以及出于对南北武装冲突的害怕”。

“缺乏近忧远虑，是的，”杜鲁门暗暗点头，“缺乏近忧远虑，已经蔚然成风！”所以，当战争突然爆发，情报部门手足无措地一再高估朝鲜人民军的实力，给出的数字远远高于朝鲜人民军的实际数量，也就不足为奇了。尽管美军加强了增援，但当时人们普遍认为，朝鲜兵力远远超过美军和韩国的兵力。造成对朝鲜兵力估计过高的部分原因在于美军情报机构不知道韩国军队对朝鲜造成的伤亡有多大。G–2 情报部估计，朝鲜伤亡人数为 3.1 万人，而陆军部的估计是 7500 人。根据当时对战俘的审讯，朝鲜人的伤亡约为 5.8 万人。无论出入有多大，但可以肯定的是美军高估了朝鲜的实力，在初期的战争中，美军与韩国军队在数量上未必处于劣势。

杜鲁门开始在宽敞的办公室里慢慢踱步，使自己从怒气中走出，冷静下来仔细分析一下当前的形势。他认为，朝鲜战争爆发以来的这些天，自己在处理朝鲜问题上还是谨慎有度的。首先，成功地赢得了联合国的支持出兵朝鲜，使自己得以声称是“联合国采取的一次警察行动”，从而避免使用“朝鲜战争”这个词；其次，在“台湾问题”上自己也是谨慎的，决定出兵朝鲜的同时，将第七舰队部署在台湾海峡，避免中国共产党趁美军在朝鲜作战出兵占领台湾，而受到一些极力主张先援助蒋介石的议员对自己在政治上进行攻击。但尽管自己如此谨慎，在动用地面部队问题上还是失去了国会对自己毫无保留的支持。而就在这个节骨眼上，麦克阿瑟却突然造访台湾，这是在向自己的政策发出挑战，差点酿成失控的局面。麦克阿瑟这个家伙和自己在国家战略上的意见一直相左。军方和政界领导人都坚信，对美国的威胁不是来自于亚洲的一个半岛，而是来自欧洲，那里有数百万全副武装的苏联军人，只待克里姆林宫一声令下，便会倾巢出动。只有麦克阿瑟认为“华盛顿的那帮人”只盯着欧洲，而亚洲才是决定西方世界命运的地方。整个参联会都认为美国应以欧洲为主要方向，而他却一直坚持应更多关注亚洲，并在台湾问题上屡次与自己意见相左，这是在向总统权力发出挑战。“我是不是应该正式考虑将麦克阿瑟就地免职？”杜鲁门对自己说。

一想到麦克阿瑟，此时杜鲁门的头更疼了。

增兵，增兵，杜鲁门认为这是这段时期以来一接到麦克阿瑟的电报就看到的两个字。他十分清楚此时美军的形势：美军总共只有 10 个师，4 个师部署在日本（第 7 师驻在北部，第 1 骑兵师驻守在东京周围；第 25 师驻在南部的本州，第 24 师占据着日本最南部的九州），1 个师在德国驻防；其余 5 个为普通后备师：第 2 步兵师和第 3 步兵师，第 11 空降师和第 82 空降师，还有第 2 装甲师。所有这些后备师都被军事专家认为不宜投入朝鲜战场，尤其是第 11 空降师，根本没有做好战争准备。7 月 1 日凌晨，麦克阿瑟发来一份洋洋洒洒两千字的电报，要求“从在日本部队中抽调多至两个师的兵力供早期的反攻使用”；而让人气愤的是，电报的最后是一段被柯林斯将军概括为“要么照我的干，要么拉倒”的语句。刚批准他的请求，并且派出了一个海军团战斗队以及协同作战的海军航空兵后，7 月 5 日，他又要求增派整个第 2 步兵师、第 2 特种工兵旅以及第 82 空降师的一个团；紧接着 7 月 9 日，他再次要求“刻不容缓以现有的一切运输手段”再增派四个师。如果真的再派四个师的话，美国陆军将全部投到朝鲜作战，西欧或者美洲大陆就没有任何士兵进行防守了。

杜鲁门感觉到处都在闪烁着救火车车顶上旋转的红色警灯，自己该如何有效应对呢？

仁川？群山？

麦克阿瑟一言不发，面无表情地看着会议室里自战争以来最蔚为壮观的头面人物的大聚会。他拿着那闻名遐迩的玉米穗芯烟斗，一边抽着，一边仔细听着眼前各路将领充满激情的发言。

刚才火炮支援军官阿利·卡普斯少校说的“我们列出了所有可以想到的和自然的不利条件，仁川样样俱全”给自己印象深刻，而通信军官门罗·凯利中校说：“如果开出一张关于两栖作战禁忌事项单子的话，那你会得到一份仁川行动的真实写照。我们很多制订计划的人认为，如果仁川行动成功，我们将不得不改写教科书。”这种反语用得也不错，容易打动听者，麦克阿瑟对自己说。参联会的柯林斯将军警告自己说，如果第 8 集团军不能向北进攻与登陆部队胜利会合，这对入侵仁川的部队来说“也许是灾难性的”。他提议将位于仁川以南 100 英里的群山作为替代登陆地点，那里既没有仁川那些不利的自然条件，也接近朝鲜人民军穿过群山和大田的补给线，更为靠近第 8 集团军的战线，因此会使联合国军的两支部队更容易会师。参联会的谢尔曼将军表示同意，也请求自己忘掉仁川，进攻群山。

仁川？还是群山？

麦克阿瑟在心里暗暗思忖，其实我更希望你们忘掉群山，只有仁川！

所有人说的情况自己都了如指掌。情报部门搜集了仁川非常详细精确的情况：仁川位于朝鲜西海岸中部，距离汉城只有32千米，最大特点是潮汐落差很大，平均落差为6.9米，最大落差达10米，居亚洲第一，世界第二。而且仁川港的潮汐也很奇特，每个月只有一天的满潮，每个满潮日的高潮时间也只有早晚各3小时，而美军的登陆舰艇由于吃水所限（直接抢滩的小型登陆艇吃水为7米，登陆舰吃水为8.8米），只有在满潮时才能进入港湾。9月之后的满潮日依次是9月15日、10月11日和11月2日；满潮日满潮的具体时间只有早上6点59分和晚上19点19分两次，中间整整相距13个小时。如果不能在早上满潮的短短3小时里将第一波登陆人员、装备和器材卸下，那么已经登陆的部队就会暴露在仁川——泥潭之中，成为任人宰割的羔羊；潮水退去也会使攻击舰船在泥泞的岸滩搁浅，成为朝鲜海岸炮兵良好的射击目标。

仁川的泥潭，那是几百上千年以来潮汐所带来的泥沙淤积而成的，“烂泥恰如巧克力软糖，但味道却大相径庭”，无法承载成年人的重量，连人员的行走都相当困难，更不要说通行车辆了。

仁川港还有一大阻碍——地形。进出仁川港只有一条必经航道，长约90千米，宽约1.8千米到2千米，水深10.8米到18米，潮水流速却是高达每小时9.5千米的飞鱼航道，即使是在白天，也显得既窄又险。它蜿蜒曲折，从泥滩中穿过，而且只能从南面接近，因为北面是岛屿和泥滩之间的极其险恶的迷宫式弯道。海军水雷专家说，飞鱼航道是布雷的天然场所，任何一艘船沉在那里都会阻塞这条航道，船只驶进海峡时，犹如驶入“死胡同”，在那里船只无法掉头。一艘动弹不得的船只将阻碍整个船队。

此外，航道入口处是海拔 105 米的月尾岛，如果不能有效压制月尾岛上的守军，登陆部队就无法安全进出飞鱼航道。

高涨的潮水，宽阔的泥滩，狭窄的航道，有人防护的岛屿……以美国海军陆战队的登陆作战教范来看，登陆地点必须具备的十大条件，仁川没有一条符合，确实是最不适合登陆的地点！

在聆听会议发言期间，麦克阿瑟的大脑也在飞速地运转着，他的脑中闪现出很多年前的“坎尼之战”和“奇袭魁北克战役”；紧接着，“二战”期间的太平洋战役又出现在他的脑海里，他的嘴角微微上扬，他依然为自己创造的著名的“越岛进攻”战略而感到骄傲。当时情况是多么的危急，太平洋小岛众多，易守难攻，1942 年美军在中太平洋地区与日军逐岛争夺，战果不尽如人意。于是，1943 年，麦克阿瑟提出“越岛进攻”战略，他们绕过日军重兵驻守的岛屿或阵地，对这些岛屿围而不打使之困死；然后越过这些岛屿而进攻关键性岛屿，使孤立的日本驻军“憔悴而亡”，这些被绕过去的日本兵就好似被送进了战俘营一样束手无策，毫无用处。事实证明，“越岛进攻”战略非常成功。麦克阿瑟为自己当年卓越的智慧而感到自豪。他用眼角轻蔑地扫视了一下此时的整个会场，觉得眼前的场景非常有趣：同样一种形势，在一个军事家眼里是大胜的良机，而在其他军事家看来却是莫大的冒险。好了，大家的发言已经结束了，轮到自己了，但还要再等一等，此时的沉默能够取得更大的戏剧效果，自己不就喜欢赢得注视的目光像个演员一样表现自己吗！瞧，“阿尔蒙德将军在座位上不安地移动着。如果真有那么一次沉默可称得上是耐人寻味的话，那么此刻便是。我几乎可以听到我父亲的声音，好像他在许多年以前那样告诉我：‘道格，军事会议产生胆怯心理和失败主义。’”

好了，是时候了！于是，麦克阿瑟放下玉米穗芯烟斗，用平缓的语气开始了长达 45 分钟的绝妙陈述……

思考题

1. 如何辩证客观地分析仁川登陆前的朝鲜战场形势？
2. 判断美军可能在仁川登陆的基本依据是什么？
3. 在三个场景中，如果你是决策者，你将如何制定及时有效的策略？

中国人会介入朝鲜战争吗？

1950 年 9 月 27 日，由美国主导的“联合国军”攻入汉城。29 日上午 10 点，“联合国军”总司令麦克阿瑟的座机在汉城着陆，麦克阿瑟偕夫人走出飞机。他穿着一件熨得服服帖帖的野战服，没系领带。在礼兵的引导下，麦克阿瑟上了一辆雪佛莱轿车，其他人则上了小吉普。街道旁边站满了列队欢迎的士兵和市民，国会大厦的主厅里挤满了出席观礼的人群，他们中大部分是美国军官和韩国军官，只有少数的外交官。

12 点，麦克阿瑟和李承晚手挽手进入国会大厦。麦克阿瑟走上讲台，对李承晚说：“我很高兴能代表‘联合国军’司令部把你的政府所在地归还予你，在这里你可以更好地完成宪法赋予你的责任。”而李承晚则紧紧地握住了麦克阿瑟的手，说：“我们崇敬你！我们像热爱民族救星一样热爱你！”

闹哄哄的仪式终于结束了，下一步该怎么走？继续向三八线挺进吗？中国人会怎样反应？会不会介入这场战争？麦克阿瑟能如期结束这场“警察行动”吗？所有这些问题，沉甸甸地压在华盛顿的决策者身上，也让麦克阿瑟担心。

摇摆的美国对台政策

麦克阿瑟能否结束在朝鲜半岛的“警察行动”，在很大程度上取决于中国的立场。从朝鲜半岛的内战一爆发，华盛顿就在猜度，北京对半岛上发生的战乱到底持何种立场。

1949 年，中国内战结束，共产党人入主北京。毛泽东发表《别了，司徒雷登》一文，宣布一边倒的政策，使华盛顿的决策者心中一片悲凉。1950 年 1 月 5 日，杜鲁门总统就台湾问题发表声明，表示“美国目前无意在台湾取得特别权利或特权，或建立军事基地”，“不拟使用武装部队干预其现在的局势”，“不拟遵循任何足以把美国卷入中国内争中的途径”。看样子，华府准备抛弃台湾了。

但军方强烈反对政府放弃台湾。1 月 26 日，参谋长联席会议做出决定：过去制定的，一旦与苏联发生战争时不让苏联得到台湾的应急计划的有效期应延长到 1951 年底。国防部连续提出建议书，支持参谋长联席会议的意见，主张推翻杜鲁门 1 月 5 日的政策声明，尽一切力量保住台湾；理由是：苏联已经“接管”中国，为了永久不让共产党得到台湾，必须把一个由非共产党统治的台湾与它的“非共产党邻国”联合起来，最后得到一个“非苏维埃的中国”。国防部长约翰逊要求参谋长联席会议就“美国不惜用军队拒共产党于台湾之外”这一观点发表意见。但是所有这些都未能形成最后的政策性文件。

决定性的改变发生在朝鲜内战爆发后。6 月 25 日，朝鲜战争一爆发，美国政府就断定，这是苏联“企图违反协议把朝鲜搞到手”，是“柏林事件更大规模的重演”。朝鲜在采取行动之前不可能没有得到莫斯科的认可。苏联的目标是清除东北亚大陆上最后一个残存的反共桥头堡，威胁美国和西方列强在远东的地位。因此，这场战争非用武力不能制止，否则就会爆发第三次世界大战。“保卫朝鲜”成了美国政府的共识。

美国政府作出干涉朝鲜内战的决策，国务卿艾奇逊建议总统下令驻扎在菲律宾的美国第七舰队进驻台湾海峡，以阻止大陆进攻台湾，也阻止国民党军队反攻大陆。他还说美国不应与蒋介石拴在一起，台湾地位应由联合国决定。这一建议得到军方及国务院和国会代表的支持。6 月 27 日，杜鲁门公布了上述决定。在向报界公开发表的谈话中，杜鲁门称“共产党的部队占领福摩萨（指台湾），将直接威胁到太平洋地区的安全，以及在该地区执行合法与必要事务的美国部队的安全”；台湾未来的地位，“必须等待太平洋安全的恢复，对日本的和平解决，或联合国的审议”。这样，本来是中国领土的台湾，在杜鲁门的词典里就成了一块地位没有确定，命运有待国际社会裁决的“飞地”，从而把台湾问题国际化了。

7 月 27 日，国家安全委员会开会讨论台湾问题。会上，参谋长联席会议建议全力支持国民党政权。杜鲁门批准了三项具体建议，包括给予国民党政权广泛的军事援助，恢复在中国海岸的侦察飞行，“以确定对福摩萨攻击的紧迫性”。7 月 31 日，美国远东陆军总司令麦克阿瑟访问了台湾，同蒋介石进行了会谈。麦克阿瑟回到东京后，立即发表声明，宣称“中美两国”武装力量之间的有效合作已经安排就绪，防止台湾受到“侵略”，是他的使命。8 月 26 日，在给“第 51 届参加对外作战老兵大会”的信中，麦克阿瑟将台湾比作“不沉的航空母舰”，要求政府采取更激烈的对台政策。

8 月 25 日，美国驻联合国代表奥斯汀奉命致信联合国秘书长赖伊，称台湾的实际地位是“一块由于盟国部队在太平洋地区的胜利而取自日本的领土。像其他同类领土一样，在国际行动未决定它的命运之前，它的法律地位是不能够确定的”，美国派第七舰队进驻台湾海峡，对海峡两岸“同样是不偏不倚的中立行动”，其目的是维持和平，完全符合联合国宪章的精神。如果有人要诉诸武力，台湾将不会平安无事。

朝鲜内战爆发后，华盛顿很快摸清了莫斯科的底牌：不会参与战争。那么，中国的态度就成了这场战争中最重要的因素。为此，美国情报界和决策层多次进行评估。

在朝鲜内战爆发一个月后，美国军方制定了一个中国军队介入朝鲜内战的应急计划。国务院政策研究司的乔治·凯南在 6 月 30 日就指出，如果中国军队进入朝鲜，美国将有合法的理由对中共直接与朝鲜有关的目标发起空中和海上攻击。他的观点写入了 7 月 1 日国家安全委员会 73 号文件中。8 月 1 日，国务院起草的一份备忘录将中国在“三八线”南北的行动做了分别界定。备忘录建议：如果中国军队占领了朝鲜，“联合国军”的前进目标应以“三八线”为界；如果中国军队出现在“三八线”以南，只要“联合国军”能挡住中国军队的进攻，它应继续前进。备忘录还建议，如果中国军队出现在“三八线”以南，美国应将此问题提交安理会，谴责中国为入侵者。

这份备忘录后来被写入国家安全委员会第 81/1 号文件，9 月 11 日由杜鲁门签字，9 月 27 日作为作战命令下达给麦克阿瑟。参联会在给麦克阿瑟的命令中指出："如果……中国共产党事先声明了他们重占朝鲜的意图，并直截了当地提出警告不能攻击他们的部队，那么你应立即向华盛顿请示。如果在'三八线'以南有中共的主力部队公开或秘密参战，只要你的部队的行动有可能成功地顶住敌人，你就应继续打下去。若在'三八线'以南出现苏联或中国共产党企图使用小股部队，你们应继续目前的行动。"命令最后指示麦克阿瑟"要特别努力查明中国共产党或苏联对你达到的（目标）是否有威胁，如有，应作为紧急情况向参联会报告"。

令人不安的中国声音

半岛上发生的战乱，美国对朝鲜内战的干涉，美国在台湾海峡的举动，引起了中国政府的关注。6 月 28 日，毛泽东主席在中央人民政府委员会第八次会议上指出："全世界各国的事务应由各国人民自己来管，亚洲的事务应由亚洲各国人民自己来管，而不应由美国来管。美国对亚洲的侵略，只能引起亚洲人民广泛的和坚决的抵抗。"毛泽东还号召"全国和全世界人民团结起来，进行充分的准备，打败美帝国主义的任何挑衅"。同日，中国外交部长周恩来发表声明，指出："杜鲁门 27 日的声明和美国海军的行动，乃是对于我国领土的武装侵略，对于联合国宪章的彻底破坏"，"我国全体人民，必将万众一心，为从美国侵略者手中解放台湾而奋斗到底。"针对美国派第七舰队进占台湾海峡，8 月 24 日，周恩来致电安理会主席马立克，控诉美国武装侵略中国领土台湾。

7 月 7 日和 7 月 10 日，中国两度召开国防会议，讨论朝鲜战场形势和保卫国防问题，中央军委于 13 日做出了《关于东北边防的决定》，组织东北边防军，保卫东北边防，并在必要时支持朝鲜作战。从8月中旬开始，中国新闻媒介频频暗示，如果有必要，中国人民将保卫朝鲜，抗击侵略者。此后，中国政府越来越频繁地谴责美国海空军对中国领海领空的侵犯。

9月下旬，美军成功进行仁川登陆，直接拦腰切断了朝鲜人民军的补给线，美军势如破竹，不断向朝鲜北部推进，迅速逼近“三八线”。中国的反应也越来越强烈。9月22日，中国外交部发表声明，中国人民将永远站在朝鲜人民一边。9月27日，中国人民解放军代理总参谋长聂荣臻约见印度大使潘尼迦，并与他共进晚餐。当时，与中国建交同时又与西方保持良好关系的国家，仅有印度，而且印度领导人尼赫鲁在国际社会声誉日隆。聂荣臻约见印度大使，显然是希望通过印度与美国取得联系，让美国人知道中国政府的意图。聂荣臻说，中国人民不打算袖手旁观，坐视美国人直逼中国边境，“一旦战争打起来，我们除了起而抵抗，是别无他途可循的。”潘尼迦提醒说，战争打起来破坏性很大。聂荣臻笑着说：“我们已经考虑了一切问题。他们甚至会向我们扔原子弹，那又会怎么样呢？他们也许会杀死几百万人，但一个国家不付出牺牲是不可能捍卫独立的。”

9月30日，中国外交部长周恩来在中国人民政治协商会议全国委员会庆祝国庆节大会上发表演说，向美国政府公开发出警告：“中国人民热爱和平，但是为了保卫和平，从不也永不害怕反抗侵略战争，也不会听任帝国主义对自己的邻居肆行侵略而置之不理。”

10月3日凌晨，潘尼迦在睡梦中被唤醒，周恩来紧急约见印度大使。在会谈中，周恩来明确表示：“尼赫鲁总理所提的问题中，有一个是比较紧急的，那就是朝鲜问题。美国正企图越过‘三八线’，扩大战争。美国军队果真如此的话，我们不能坐视不顾。我们要管，请将此点报告贵国政府总理。”如果说在此前中国政府还是通过私下里的渠道向美国传递信息的话，那么，此刻的潘尼迦已经明白，中国政府正通过他正式向美国发出警告。

“朝鲜战争应该停止，外国军队应该撤退，这对东方的和平是有利的。”周恩来继续说，“我们主张和平解决，使朝鲜事件地方化。我们至今仍主张如此。”最后，周恩来以明确的语气宣布：“如果美军越过‘三八线’，我们将出兵参战。我们希望大使先生向贵国总理尼赫鲁先生报告，并请转告美国和英国政府。”

中国发出的警告立即以最快的速度传到了英国，又传到美国驻英使馆。美国国务院接到报告后，立即报告了杜鲁门和军方领导人，并转告麦克阿瑟。

中国人不仅在外交上发出了最强音，在军事上也开始了令人不安的举动。1950 年 6 月，美军和联合国军参加朝鲜战争之后不久，中国境内的野战部队向北方调动的情况报告就摆到了决策者的案头。许多报告都认为，大批部队正在离开位于中国最南部的几个省份。美军的信号情报委员会发现，大约 7 万名中国军人正乘船沿长江而下，开往武汉。7 月，一封发自上海的电报透露中国军队司令官林彪将军可能率兵介入朝鲜战争。华中地区的铁路棚车满载士兵，正开往满洲里。7 月下旬，情报清楚地显示第四野战军大部已离开中国南方。大量报告认为，中国军队不只是离开了南方，还往北走得更远。不过，稍让决策者宽心的是，这些报告有些互相矛盾：有的认为部队正向中国东北开进，但具体有多少部队搞不清楚；还有的认为有些部队已被调动到福建省准备进攻台湾，具体有多少部队也搞不清楚。8 月份不断有报告传来，表明大量中国军队正向北机动（有些来自中国中部城市汉口的情报报告称观测到了火车昼夜输送兵员），但还是没有掌握具体某支部队的行踪，也得不到足够的情报信息能对参与部队的总数量做出一个可靠的估算。

9月，军事安全局（国家安全局的前身）证实6个军的中国部队已集结在朝鲜边境附近的满洲里，鸭绿江各个渡口已被留作军用。10月份截获的电报确切无误地证明，北京已处于紧急状态，当局组织了大规模示威游行，要求出兵，实行更为严格的检查制度，加强空军力量，命令所有的士兵和军官志愿去朝鲜服役。卫生部紧急命令驻满洲里的军队接种疫苗，预防在朝鲜流行的天花、伤寒、霍乱等传染病。军事安全局的报告明确指出，中国人正在做大规模的战争准备。

10月21日，军事安全局发表的一份报告指出，20列军车正从上海开往满洲里。11月7日，该局截获了一个东欧人在北京打的无线电话。电话中说，中共已经发布命令，允许所有的士兵以志愿军的名义赴朝作战。他还说："我们这儿已进入战时状态。"同一个月，监听人员截获了一封明码电报，命令将3万份朝鲜地图从上海送往驻满洲里的军队。

征候情报分析人员和战斗序列分析人员就这个问题展开了激烈争论，预警情报分析人员恳请情报部门重视中国在东北地区大规模集结兵力的可能，而战斗序列分析人员却声称并无充分证据表明这一点。直到8月底，战斗序列分析人员才正式印刷并发布了预警报告，报告里提到了第四野战军的部分兵力开往东北地区。10月1日，战斗序列分析人员认定，东北地区驻有第四野战军的六支部队，承认中国军队在东北地区的兵力有所增强。

1950年11月，一系列报告表明香港的共产党商界频繁变更计划，并有相当大的疑惑性。采购商显然根据北京方面指示集中精力采购香港的现成物品，并停止从海外采购。中国公司力图取消交付日期在 11 月 30 日之后的合同，并在合同中增加了条款，规定在战争行为发生的情况下购买方可更改交付港口。有几次，中方资金由香港和美国转入了瑞士银行，并通过瑞士来结算采购。至少有两次，中方官员表明如果 12 月末发生全面战争，那么直接威胁将解除，采购将会继续。

中国会参战吗？

北京的声音和举动让华盛顿的相关部门相当不安。国务院负责东亚和中国事务的负责人均认为，应当非常认真地对待周恩来的警告，美国有必要采取一些措施减少中国介入的危险。但是美国国务院的高级决策人员却认为，周恩来的声明是虚张声势，是苏联和中国为挽救朝鲜政权而进行的外交努力的一部分。艾奇逊认为，周恩来的谈话“不是一个官方政策的声明”，中国政府随时可以对此加以否认；因此，周恩来的谈话不应该用来动摇美国的决心，“犹豫不决和胆小怕事会招致更大的危险”。如果中国人“打算参加扑克游戏的话，他们就应该亮出比现在更多的牌”。没有苏联提供海空支援，北京将无法发动一场战争。杜鲁门则对潘尼迦的人品表示怀疑。他认为，潘尼迦是个同情“中国共产党的家伙”，他的话不能当作一个公正的观察家的话来对待，潘尼迦充其量只能是共产党的传声筒。而且，第二天联合国就要表决一项有关朝鲜问题的决议，中国很可能是想唬一唬联合国。

军方对美国的遏制能力相当自信。苏联或中国介入朝鲜战争，是要冒世界大战风险的，苏联尚未做好为了朝鲜而冒险发动世界大战的准备，中国在军事上不具备单独进行干涉的能力。因此，无论是苏联还是中国都不会对朝鲜进行干涉。参联会命令麦克阿瑟继续执行 9 月 27 日的训令。10 月 1 日，韩国军队首先跨过了“三八线”，10 月 7 日，美国军队也越过了“三八线”。10 月 9 日，参谋长联席会议训令麦克阿瑟：“今后中国共产党要是不事先声明就在朝鲜任何地方公开或隐蔽地使用大量的部队，你应该根据自己的判断行动。只要你指挥下的部队有可能获得胜利，你就继续行动。”指令还说，“在任何情况下，如果要对中国境内的目标进行任何军事行动，都必须事先得到华盛顿的批准。”这样，麦克阿瑟就指挥“联合国军”大胆北进：10 月 20 日，“联合国军”占领平壤；24 日，麦克阿瑟下令取消参联会只准使用韩国军队进入朝鲜北部边境地区的命令，指示美军“一鼓作气地”打到鸭绿江边。

麦克阿瑟也在思索这一问题。他是前线司令官，负责执行华盛顿的军令，但是，华盛顿又命令他相机行事。因此，是不是真的一鼓作气打到鸭绿江边，是不是与中国人接触，应该由他自行决定。这样，他的判断就至关重要了。

麦克阿瑟对情报相当不感兴趣。他不喜欢中央情报局，不知道这家刚刚成立的中央情报机构能干些什么，他不允许中央情报局进入他的辖区。中央情报局在远东没有一个立足点，远东司令部不为中央情报局东京站提供办公场所，东京站的 3 个人只得在一家旅馆的客房里工作。他倒是比较相信自己的情报机构，由威洛比领导的远东军事情报处。这个家伙倒是机灵，他与自己的看法完全一致，就像是自己肚子里的蛔虫。威洛比的看法，与中央情报局完全不一样。

不过，麦克阿瑟更相信自己的判断。他一直在远东工作，没有人比他麦克阿瑟更了解中国的情况。中国国内问题复杂严峻：盗匪猖獗；骚乱广泛；反政府游击队的抵抗；经济停滞；农民心理失调。中国的国内问题事关重大，如果与美国作战，他们将遭受巨大的压力和严重的物资损失，这将对中国整个国内问题和经济造成损害。如果中国的干涉失败，将使北京公开面对中国人的怨恨情绪，因为民众会认为中国是为苏联“火中取栗”，扮演被苏联利用去做冒险事情的角色。

国务院认为中国的威胁是虚声恫吓，这一点他倒是同意。威慑是需要力量为后盾的，没有实力的威慑不可能是有效的威慑。中国有干预朝鲜的军事实力吗？

中国具备现代战争必须具备的工业基础吗？中国在经济上是贫困的，一旦加以破坏，就会使大部分人产生不满，社会也就不得安定，而国内的紧张将有助于破坏她参与战争的潜力……如能利用这些因素，她就更难，甚至不可能维持军队在国外作战。中国有空军吗？没有空军，这种现代战争怎么打？“联合国军”的空中力量是遏制中国参战的一个重要因素。他曾告诉英国驻日政治代表阿尔弗里·加斯科因，说如果中国军队介入朝鲜战争，他将立即使用他的空军力量，打击华北和满洲的城市，包括北京。周恩来应该意识到他是会这么干的。由于“联合国军”空中力量的存在，“如果中国人试图前进到平壤，那将会出现一场最大规模的屠杀”。

这不是麦克阿瑟一个人的想法。7 月 6 日参谋长联席会议在一份报告中说，由于华北和其他地区的不稳定，以及中国人民解放军在维持国内治安方面所起的重要作用，中国不可能在朝鲜大规模部署军队。参谋长联席会议还认为，中国人民解放军在国内战争年代取得的战斗经验不适合现代战争。中央情报局认为，中国自身没有力量干预朝鲜战争。如果中国接受苏联的援助参加朝鲜战争，势必加强苏联对中国东北的控制。而且干涉的风险太大，如果干涉失败，中国内部的批评者将指责政府为苏联火中取栗。国务卿艾奇逊说，当苏联在中国东北占支配性地位的时候，中国介入朝鲜战争简直是发疯了。

10月12日，中央情报局的一份情报称中国军队在缺少空中和海上支援的情况下进行干预可能有效，但未必具有决定性的意义。尽管周恩来发表了声明，军队也在向满洲调动，但没有令人信服的证据表明中国的意图是在朝鲜进行全面干预。这份情报最后认为，中国人不会进入朝鲜同“联合国军”对抗，至少在可预见的将来不会。共产党人在朝鲜进行全面干预仍有可能，但除非苏联想打一场全球战争，否则这种行动在1950年不可能出现。中央情报局在报告中列举了一大堆中国不会干预的理由，尤其是中国政府害怕与美国交战所带来的后果：“他们的国内计划规模如此之大，以致该政权的整个计划和经济将由于战争的巨大损耗而受到危害。”远东军事情报处的一份报告也支持这种说法：尽管中国和苏联在朝鲜有一系列重要的利益，中国也发表了“一些喧哗的公开声明，但还是下决心不再进一步花巨大代价支撑一个已经失败的事业”。

中央情报局局长比德尔·史密斯也认为：“尽管周恩来发表了声明和中国的部队正在向满洲运动……但没有令人信服的证据表明，中国真的打算全面干涉朝鲜……从军事上看，干涉朝鲜的最好时机已经过去了……”

想到这些，中国不会参战的判断在麦克阿瑟的脑中逐渐形成。

10月15日，杜鲁门及其随行人员分乘三架飞机到达威克岛。总统要询问一下，老练的前线司令官如何看待当前的局势。麦克阿瑟说道：“目前判断北京政府是否有使用主力部队干预朝鲜的意图，只能是一种推测。国务院在国外的外交情报搜集中心或者中央情报局都还没有明确报告过。作为一个战地司令官，我要了解一个外国政府从和平走向战争的意图必须从中央情报局那里获得指导。我自己非常满意的远东司令部情报处曾有判断称，中共最近发出的一旦美国军队越过‘三八线’即入朝参战的威胁‘很可能是一种外交讹诈’，对此我表示赞同。虽然中国军队有重点地在满洲鸭绿江边境附近集结，但是动向不明。由于我们拥有无敌的空军，具有随时摧毁鸭绿江南北的中国军队进攻基地和补给线的潜在威力，我本人在军事上的估计是，没有任何一个中国军事指挥官会冒这样的风险把大量兵力投入已被破坏殆尽的朝鲜半岛。这样，他们要承担由于给养短缺而毁灭的风险。目前中国在满洲的兵力有 30 万人。其中部署在鸭绿江边的可能不到 10 万人，跨过鸭绿江的可能只有 5 万~6 万人。他们没有空军。由于我们在朝鲜拥有空军基地，如果中国人试图南下到平壤，那对他们来说将是一场大规模屠杀。因此，中国人干涉的可能性微乎其微。此外，如果他们在最初一两个月进行干涉，那将具有决定性意义。现在我们不再担心他们的干涉了。”

中国人来了

“将军，这是第 8 集团军司令部的最新报告，请您过目！”麦克阿瑟的军事秘书双手将一份报告递给他，麦克阿瑟接过文件看了一眼，表情变得严肃起来。报告中写道：这两天里，敌军的抵抗中第一次出现了大批有组织的部队、大炮和迫击炮火。我军在咸兴以北抓住的俘虏自称他们的部队是中国的 124 师。他们身着新式防寒服，操着北平话和北满方言，并说他们的部队已经于 10 月 16 日左右进入朝鲜。目前中共部队可能有两个团就在我军所在战区作战。

看完报告，麦克阿瑟迅速拨通桌上的电话说道：“通知情报处长威洛比马上来我办公室！”说完，他放下电话，陷入沉思：这是中国军队为刺探我第 8 集团军动向而越过鸭绿江进行的一次大规模的侦察活动吗？这支部队是在满洲组织、训练和装备起来的，夹杂有少量中国“志愿军”的朝鲜军队吗？它仅仅是中国的恫吓，还是中国军队全面进攻前的冲刺？

“咚咚咚”，有力的敲门声打断了他的思考。“进来！”麦克阿瑟冲门口喊道。威洛比穿着笔挺的军装径直走了进来，啪的一声，敬了一个标准的军礼，问道：“将军，您有什么指示？”麦克阿瑟答道：“请坐，看一看第 8 集团军司令部的这份报告，然后谈一谈你的看法。”

威洛比接过报告认真看了一会，说道：“将军，由于这份报告中的信息主要来自对战俘的审讯，因此无法得到证实，不能被接受。所谓中国人只是增加了一些满洲出生的朝鲜人，如同中国共产党部队中现有的两个由朝鲜人组成的师，在中国内战后就移交给了朝鲜。因此，没有什么可大惊小怪的，普通的中国士兵是不可能了解到高层的决策内幕的。从战术角度来看，大获全胜的美国军队已经全面展开，这标志着中国武装干涉的最佳时机已经过去了；如果是有计划的干涉，很难相信这种行动会推迟到残余的朝鲜军队已经处于战斗力最低的状态时，才付诸实施。”威洛比一边说一边观察麦克阿瑟的神态，看到麦克阿瑟原本绷紧的嘴角防松下来，心里就知道他的判断得到了将军的认同。

麦克阿瑟心里不断盘算着：从满洲和符拉迪沃斯托克出来的唯一通

道上遍布着隧道和桥梁，我们拥有先进的空军，只要出动空军就能及时发现和监视中国军队进入朝鲜的情况；共产党人只要跨过鸭绿江进入朝鲜，他们的军队就会损失一半。即使中国军队能设法渡过鸭绿江，中国也无力在朝鲜维持几万人的部队。他同意远东军事情报处的判断："联合国军"的空中力量将迫使中国军队在与"朝鲜军队同样的身心障碍条件下作战"。

10 月 25 日，韩国军队和中国军队发生了第一次交火，俘获了 2 名战俘。但是，第 8 集团军的发言人说："报道的根据是两个战俘口述的故事，他们各自讲了 6 个不同的故事，加起来说是 12 个故事，其结果就等于零。"因此，这个"零"颇有可能加上"中国共产党的一支象征性部队，也许是一个团，就在朝鲜的什么地方"。而且，这份情报来自对战俘的审讯，因此它"没有得到证实，而且也不能被接受"。所谓中国人"只是增加些满洲出生的朝鲜人，如同中国共产党部队中的两个朝鲜人师，在中国内战后就移交给了朝鲜的红色政权"，因此，"没有什么可大惊小怪的"。第二天，美军又抓到了更多的战俘。10 月 29 日，韩国一个军团在战场上被中国军队打垮。

由于越来越多的迹象表明中国人已经来到了朝鲜，当麦克阿瑟说这些的时候，他已经不像以前那么自信。他的心中在打鼓：中国人真的会因为国内问题或缺乏制空权而放弃干涉吗？美军在前线遭遇的真的仅仅是小股志愿者部队吗？美军的空中侦察，能否发现入朝的共军部队？

现在，轮到麦克阿瑟沉思了……

思考题

1. 美国为什么不相信潘尼迦的警告？

2. 如果你是麦克阿瑟，如何看待中国国内问题对其出兵朝鲜的影响？

3. 如果你是麦克阿瑟，如何判断中国的军事实力？

4. 当报告发现中国人进入朝鲜时，麦克阿瑟是怎么看的？

5. 有关战略突袭，从此案例中你得到了哪些启示在战略预警中，哪些是需要重点关注的内容？

古巴导弹危机

无法解释的照片

1962年9月8日，一张照片引起了美国情报委员会主席谢尔曼·肯特的注意。

美国海军的一架侦察机在执行例行侦察任务时，开机拍下了苏联货船“鄂木斯克”号驶向哈瓦那港口的照片。美国的情报分析人员照例对照片进行分析。从照片上可以看到，“鄂木斯克”号甲板上载有两吨半和五吨的运输卡车，货舱上面盖着帆布，看不到甲板下面载有何物。“鄂木斯克”号高高地浮在水面上，这说明不是帆布下面的货舱有一半空着，就是运输的货物体积很大，占用了空间。但是，考虑到苏联的货船十分紧张，可以说前一种可能性根本不存在。

这艘船到底运了些什么呢？ 美国情报分析人员百思不得其解。一个年轻的情报分析人员开玩笑地说：“俄国佬总不会把中程导弹运到古巴来吧？”

肯特为此伤透了脑筋。

从 1962 年夏天开始，美国情报界就注意到开往古巴的船只在急剧增加，从黑海开来的大批苏联货船，抵达古巴的深水港马里埃尔，船上所装货物并不清楚，但是，这些船的吃水很浅，舱口很宽。此外，船上还有大量的苏联人。8 月底，在古巴的苏联人已经达到 5000 名之多。这么多苏联人出现在古巴，究竟意欲何为？

与此同时，从古巴逃往佛罗里达的古巴难民，也不断声称他们看到了某些大家伙。美国情报界早在 1959 年就声称苏联在古巴部署了导弹，相关的情报材料有 5 英寸厚。进入 1962 年以后，这样的报告越来越多。1962 年 1 月，中情局根据难民提供的资料，记录了 211 个关于导弹的证言。1962 年 5 至 8 月，中情局和国防部联合情报中心共收到相关情报 136 份，9 月份更高达 900 份。这些情报资料主要包括：大量运载苏联物资和苏联军人的船只已经抵达古巴港口，苏联人在监督卸货和货物的陆上运输；大量的居民被要求从政府划定的军事区迁出，疏散区完全由苏联人控制；古巴人被禁止接近港口；物资的运输都在夜间进行，车辆所经过的城镇街道路灯都被熄灭。

大量的古巴难民都声称他们看到了一种长形的管状物体。肯特心中疑点重重。根据一份关于“导弹”的报告，这个物体可能是约 30 英尺长的地对空导弹，也可能是 14 英尺长的头锥体地地导弹，还可能是几乎身长 60 英尺的导弹，或者是一个储油罐。也许，那只是情绪激动的古巴难民的想象。因为大多数物体都是他们在晚上透过关闭的百叶窗看到的，而且他们观察的物体还处于移动中。除非观察人员经过严格训练，否则目测观察的可靠性就值得怀疑，即便是对物体长度的观察可信度也不高。而这些导弹之间的区别，未受过专门训练的难民能弄清楚吗？

让肯特更伤脑筋的是，这些古巴难民存在严重的政治偏见。他们过去都是地主、商人、律师和医生，巴蒂斯塔的古巴是他们的天堂，可卡斯特罗的“七二六运动”打碎了这个天堂。他们只得背井离乡，希望借助美国的力量打回古巴，恢复失去的家园。他们提供的情报，难脱夸大其词、失之偏颇之嫌。这让以客观、实证和中立著称的肯特十分头疼。“送来的报告大都是不真实的，有的则是一些没有经过训练的观察者送来的东西，他们连地空导弹与地地导弹都搞不清楚”。总统顾问泰勒和施莱辛格也证实，当时关于苏联在古巴部署了进攻性导弹的流言多如牛毛，这样的报告他们都听腻了，大部分都令人难以置信、不值一驳。

中央情报局在古巴的“资产”已经被卡斯特罗一网打尽，人力情报没有指望。好在中央情报局已经研制成功 U–2 侦察机。美国海军对驶往古巴的每一艘苏联船只都拍摄了照片。1962 年 9 月前，U–2 飞机的侦察频率大约是两周一次。8 月 29 日的空中侦察首次发现古巴部署了地空导弹。整个 9 月，飞机监视的力度在不断加大，9 月 5 日空中侦察的监控区域是哈瓦那以东 100 英里的圣克里斯托波尔区，但拍摄的照片显示“该地区绝对没有相关的导弹活动”。也许是因为前一天一架 U–2 飞机在中国被击落，原定于 9 月 10 日的飞行计划被取消了。所有的 U–2 飞机停飞，以等待世界对此事件的反应。此外，当时正值飓风季节，“加勒比海那片区域的天气非常糟糕，我们在那段时间取消了很多飞行侦察计划。”古巴上空厚厚的云层也是一个致命的因素，由于云层的覆盖，侦察机迟迟不能起飞。议员明歇尔先生拿出了官方的天气预报，指出哈瓦那附近地区天气晴朗的日子。他哪里知道，决定 U–2 飞行计划的是天气预报，而不是实际的天气情况。天气预报，正如情报预报一样，有可能是不准确的。

此外，决定 U–2 飞行的还有政治因素。8 月 29 日的空中侦察证明古巴西部有地空导弹存在。“2 架导弹装置的部署地点已经明确，另外 6 架导弹装置初步认定部署在古巴西部。”在这种情况下，飞行计划很容易受政治环境的影响。两年前，苏联的地空导弹已经击落了美国的 U–2 飞机；9 月 9 日，又一架 U–2 飞机在中国被击落；此时美国不想在古巴再损失这样一架飞机。

另外一个重要的情报来源，就是卡斯特罗的各种声明。他与记者的交谈，与学生的辩论，审问罪犯的言论，以及没完没了的电视演讲，为中央情报局提供了丰富的信息。卡斯特罗的私人飞机飞行员甚至在哈瓦那的一家酒吧里夸口，说古巴已经有了装着核弹头的远程导弹。9 月 11 日，《古巴革命报》的第一版以黑底白字的醒目标题写道：“如果美国入侵古巴，就对其发射火箭。”而拉苏联插手古巴事务是古巴的惯用伎俩，这可能是古巴的又一次一厢情愿之举。卡斯特罗的狡猾是出了名的。有时，他会给你一些暗示，看似一个馅饼，实际上却是个陷阱，他在等你掉进去。他说的话你能相信吗？

美国情报界的基本判断

1962 年 8 月 1 日，美国情报界对古巴的情况进行了评估。评估认为，在今后的一两年内，苏联不可能向古巴提供足以进行独立军事行动的军事力量，也不会在古巴驻扎战斗部队。古巴军队有能力控制游击队的活动，击退除美军直接参与之外的入侵。报告认为，尽管古巴的经济陷入困境，但反对卡斯特罗政权的起义不可能取得成功，除非其得到了外部的大力支援。

8 月 21 日，白宫召开会议，再次讨论古巴问题。情报分析人员都认为没有进攻性武器存在，古巴境内的一些不明性质的建筑可能是发电站或其他设施，也可能是地空导弹基地。尽管苏联有可能使用古巴作为威胁美国的基地，但这对于苏联来说风险太大。苏联的目标是阻止美国可能对古巴实施的军事干涉。与会者大多同意这一观点。

8 月 22 日，中央情报局根据古巴流亡分子的报告和空中摄影撰写了一份情报备忘录：大部分报告表明，这些苏联船只装载的是交通运输车辆、电力和建筑设备。苏联不仅向古巴运送了大量的军事物资，而且正在古巴的几个地方修建性质不明的军事设施，这些活动是前所未有的，很显然，“某种新的和异常的情况正在发生”。

8 月 23 日，肯尼迪再次召集顾问们开会研究古巴问题。大部分人都认为，尽管苏联的军事活动规模很大，但仍属防御性质，这反映了苏联对古巴的担心。他们确信，赫鲁晓夫是疯狂的，但还没有疯狂到要在古巴部署导弹的地步。肯尼迪的顾问小阿瑟·施莱辛格在给总统国家安全事务助理麦乔治·邦迪的一份备忘录中写道：“尽管苏联决定在古巴投入更大的资本，但其在古巴的所有军事部署在功能上大概都是防御性的，将发射架对准美国显然是公然的挑衅。”

既然这是大家的共识，那么苏联应该不可能将进攻性武器运入古巴吧？这个问题一直徘徊在肯特的脑海中，但 9 月 8 日的照片还是让他难以释怀。“鄂木斯克”号装的到底是什么呢？

来自苏联的定心丸

苏联真的在古巴部署进攻性武器了吗？肯特认为答案是否定的。肯特是历史学家出身，相信研究历史可以预知未来。苏联政府的一系列表态，让他对自己的判断深信不疑。

1962 年 7 月 30 日，赫鲁晓夫吁请肯尼迪“为了改善两国关系”，停止对加勒比海地区的苏联船只进行侦察飞行和拍照。肯尼迪希望在选举期间避免出现国际危机，欣然同意了赫鲁晓夫的提议，前提是莫斯科将柏林问题暂时搁置。

8 月初，苏联格鲁乌驻美官员博尔沙科夫告诉肯尼迪，赫鲁晓夫对肯尼迪减少限制公海航行的苏联船只的命令表示感谢，同时也明白柏林问题搁置对肯尼迪的含义。双方在此问题上达成了一定程度的“默契”。为了进一步使肯尼迪宽心，赫鲁晓夫甚至表示，愿意在禁止核试验问题上做出巨大努力。

9 月 2 日，塔斯社就苏联对古军援以及切·格瓦拉和埃米利奥·阿拉贡内斯造访莫斯科发表公报。苏联政府宣布援助古巴冶金工业，并向古巴派遣农业技术专家。公报最后指出：“苏古双方还就帝国主义国家入侵古巴的威胁交换了意见。鉴于所面临的威胁，古巴共和国政府请求苏联政府援助武器，派遣技术专家训练古巴军队。苏联政府考虑了古巴政府的请求，并就此问题达成一致。只要上述帝国主义国家继续威胁古巴，古巴共和国就有理由采取必要措施确保自身安全，维护主权和独立。所有古巴的真诚朋友都有权对此类合法要求做出回应。”

9 月 2 日，肯尼迪总统要求国会批准抽调 150000 名军人组成预备队。对此，塔斯社发表了一份调门更高的声明。声明一开始就攻击美国为“好战的反动分子”，称“美国政府的挑衅正在升级，这种挑衅有可能会将世界拖入使用热核武器进行全球战争的灾难之中”。苏联政府认为，美国国会和媒体正大造声势，呼吁攻击古巴，并攻击向古巴人民运送必需品和食品的苏联船只。美帝国主义者因其对古经济封锁失败而恼羞成怒，呼吁采取更多措施以扼杀古巴。“英雄的古巴”正承受着帝国主义的欺虐。声明转而不断嘲笑“美帝国主义者”的荒唐担忧。热爱和平的苏联向古巴派遣的只是农业专家、机器操作员、拖拉机驾驶员、牲畜专家，目的是与古巴人民分享他们的经验和知识，帮助他们掌握苏联的农业机械。“美国的领导者们，你们缘何如此震惊？恶魔也会害怕吗？……很明显，先生们，你们很害怕，你们害怕的是自己的影子……我们把土豆、油、拖拉机、收割机以及其他农工机器运往古巴，维持古巴的经济，你们却把我们看作歹徒。我们可以告诉你们，这是我们的船，里面装的是什么东西与你们无关……引用一句格言送给你们——别多管闲事。我们不回避世人，我们是在向古巴运送东西，我们运的是可以帮助古巴改善经济的工业设备和货物。”

塔斯社接着声称，“一定数量的武器正从苏联运往古巴”，古巴政府也要求派遣苏联军事专家。但是，派往古巴的苏联军事专家的数量“远不及派往那里的农业工人和工业工人的数量。运往古巴的武器和军事设备仅仅是为了防御。我国政府和军方与其他国家的军方应该都知道防御是什么意思”。声明暗示，所谓针对美国的威胁完全是美国人凭空想象的。“苏联政府授权塔斯社声明：苏联政府不需要为了击退侵略、为了进行报复性打击而将自己的武器转移到任何其他国家，例如古巴。我们的核武器爆炸力如此强大，苏联又拥有如此强大的火箭来运载这些核弹头，因而没有必要在苏联领土之外寻找发射核武器的场所。我们说过，也重复过多次，如果战争爆发，如果侵略者对一个或另外一个国家发动战争，而相关国家请求援助，苏联会从自己的国土上施以援手，不仅是对古巴，也包括其他爱好和平的国家，就像它在 1956 年英国、法国、以色列入侵苏伊士运河时援助埃及一样，对此无须怀疑。”

这种保证也通过私人途径转达给了肯尼迪总统。总统的信条之一就是“大国间的互相信任是缓解国际紧张局势的重中之重”。外交的一个永恒难题是不清楚对不友好国家给予信任的底线在哪里。但是，这样的公开声明，难道不应该相信吗？

9 月 4 日，白宫发表声明：美国不会容忍古巴部署地对地导弹及其他进攻性武器。针对美国的激烈反应，多勃雷宁大使在当天送来了赫鲁晓夫致肯尼迪的信。在信上，赫鲁晓夫信誓旦旦地说：“在美国国会选举之前，苏联不会做出任何使国际形势复杂化或者使我们两国关系更加紧张的事情。”

9 月 11 日，苏联政府发表声明，特别提到征召后备役军人以及美国对苏联向古巴进行海运而感到惊恐的问题。声明说，苏联的船只装运的是“给古巴人民的日用品和食物”；但也承认：“由于侵略成性的帝国主义集团的威胁，应古巴政府的请求，还装载着一定数量的武器，以及训练古巴人使用现代化武器的军事技术专家和技术人员。”声明再次重申苏联没必要在疆土之外寻找发射核武器的场所。

9 月 12 日，塔斯社发表新闻公报，再次称苏联没有必要“为了击退侵略和实施报复性打击，而将它的武器转移到其他国家去，例如古巴。我们的核武器具有极大的爆炸力，苏联又拥有强有力的火箭运载这些核导弹，因此，不需要在苏联领土以外寻求基地”。

苏联向美国派了这么多的定心丸，肯特终于放下心来。

两天后，肯尼迪发表公开讲话，否认美国有任何入侵古巴的意图。但是，如果古巴采取侵略行动，危及美国在关塔那摩的军事基地，或者切断美国通过巴拿马运河的通道，或者成为拥有巨大进攻能力的苏联军事基地，具体来说就是苏联在古巴部署了进攻性导弹，那么美国就要采取行动，保卫自身和盟国的安全。肯尼迪一再表示，古巴的军事装备基本上仍属防御性的，苏联的行动并未对美国构成严重威胁。他宣布已经要求国会授权他在必要时征召部分后备役人员。

既然总统都这样表态了，苏联对美国的底线应该非常清楚。苏联人一定不会冒这种无谓的风险吧？

唱反调的人

虽然说苏联不可能将进攻性武器运入古巴已经成为一种共识，但是肯特仍然感觉不安，因为在一片和谐的音律中总是有唱反调的声音。

共和党议员基廷就是其中之一。从 8 月份开始，他不断向外界发表讲话，说苏联已经把进攻性武器运进了古巴。苏联正在向古巴派遣军队，而政府却无动于衷。8 月 31 日，他在参议院表示，8 月 3 日至 15 日期间，一支着苏联军装的 1200 人的部队在古巴的玛丽埃尔港登陆。他还说其他“观察人员”也注意到了“苏联车队在古巴公路上列队行驶”，发现了登陆艇和由平台型铁路货车运载的可疑圆柱形物体等等。他说这一切均得到了美国政府的证实。8 月 31 日至 10 月 12 日期间，他曾十次在参议院发言，提醒人们注意苏联在古巴的军备增长。

然而，基廷的批评却使肯特更加困惑。他说苏联在古巴的整体军备增长令人担忧，这一点没错，但他接下来说的话却没有足够的证据支撑。他说自己有确凿证据，证明古巴有中程导弹，还能快速将地对空导弹转变为中程地地导弹。在肯特看来，基廷不过是个议员，怎么可能知道情报界都不知道的事情？他能够分清进攻性武器和防御性武器的差别吗？ 在美国情报界，防空导弹和地地导弹是有严格区别的。前者是一种防御性武器，而后者，毫无疑问是一种进攻性武器。在美国的国防战略中，这两种武器的分野也是不同的。美国可以允许苏联把地空导弹运进古巴，但绝对不允许地地导弹出现在美国的家门口。

另外，国会中期选举很快要开始了，基廷此举恐怕是为共和党的选举利益服务的。就像国务院情报研究司司长罗杰·希尔斯曼所说的，“指责基廷对个人出风头比对国家福祉更为关心，这或许太过分了。但是，在这位参议员没有做出更好的解释之前，可能的结论必然是以下两者之一：或者是参议员基廷不顾十分危险的国际局势，为达到某种个人目的而散布谣言；或者是他得到了美国政府未曾得到的情报，而这一情报本来可以指导 U–2 飞机在 10 月 14 日以前对导弹发射场进行侦察，并可以使驾驶员少冒风险。”

如果说基廷是个外行，那么中情局局长麦康对苏联军备建设的看法就令肯特无法轻松对待了。麦康一直对苏联在古巴的军备建设性质独持异见。他认为，苏联运往古巴的物资和人员急剧增加，有可能是在部署中程导弹。假如不是为了保护更重要的设施，如可以打到美国本土的中程导弹，苏联根本没有必要部署地空导弹。古巴境内没有什么目标值得用地空导弹来保护。在 8 月 21 日的白宫会议上，麦康称，苏联向古巴提供援助的规模比原来评估的要大得多，苏联在古巴进行了一些性质不明的建设，推测是通信站或电子情报监测站，也可能是地空导弹发射台。他认为，苏联很可能因为美国在土耳其和意大利设有导弹基地，所以也要将常规武器和弹道导弹运进古巴。但是与会者都不同意他的看法，麦康陷入孤立。

8 月 22 日，麦康针对中情局有关古巴的情报备忘录发表看法。他认为，苏联构建地空导弹发射台，主要意图就是将进攻性导弹运进古巴；否则，这些防空设施就没有什么价值，它们根本不可能阻止美国的进攻。然而，麦康的逻辑却让他的批评大打折扣：地空导弹与中程导弹之间有什么必然联系吗？苏联在中东地区也部署了地空导弹，可美国并没有在中东地区发现苏联部署的进攻性武器。

8 月 23 日，在白宫的古巴问题研讨会上，麦康再次提出，赫鲁晓夫对美国的挑战主要是在加勒比海地区，古巴是美国目前所面临的“最为严重的问题”，如果古巴赢了，拉美大部分地区都将失去。他推断，苏联正准备将进攻性武器运入古巴。他非常怀疑地空导弹对古巴安全的防御价值，确信苏联是用它来保护进攻性武器。

麦康不断向总统、国防部长和国务卿陈述自己的观点，但他们都认为无法认同。肯尼迪认为麦康的怀疑是基于其职业反共的特点，而国防部长麦克纳马拉和国务卿腊斯克都认为，现有的证据不支持麦康的怀疑，苏联人只是在部署防御性武器。

8 月 24 日，国务院情报研究司司长罗杰·希尔斯曼在新闻发布会上说，苏联运进古巴的物资很可能会大大改善古巴的海防和空防，里面也许有地空导弹，这种东西苏联以前曾提供给伊拉克和印度尼西亚。至今出现在古巴的数千名苏联人主要是一些技术人员，负责装配物资，训练古巴人操纵仪器。美国对猪湾入侵所表现出的愤怒可能让古巴十分担心，苏联在古巴的一系列举动可以解释为防御性部署，是对上一年灾难性的猪湾入侵行动的恰当反应。

关键性的评估

那么古巴问题究竟如何走向呢？肯特手头能够掌握的情报资料的确十分稀少。

9 月 17 日，情报委员会再次开会研究古巴的问题，但没有得出新的结论。因为，U–2 侦察机曾在 9 日、17 日两次飞越古巴的中西部，除发现了苏联的防空导弹外，没有发现新情况。古巴流亡者和间谍的情报，也没有什么新的内容。

那么可以说苏联不大可能在古巴部署进攻性武器吗？肯特陷入沉思。毕竟这并非明智之举。首先，这很容易被美方发现，美国已经明确表示了自己的态度，苏联必定会考虑由此可能带来的严重后果。其次，苏联以前从未在境外部署过核武器，即使要部署核武器，也会选择在属于自己势力范围的东欧国家，这样一来防卫负担将比在古巴大大减轻。毕竟从苏联到古巴，无论是水路还是空运，其路程都极其漫长、危险，易于受到美国的狙击。再次，卡斯特罗政权十分不稳定。涉及核问题，苏联必定非常谨慎。另外，如果苏联在古巴部署进攻性武器将大大改变美、苏之间的战略力量对比，由此必须继续对古巴保持警戒。即使苏联想在古巴部署进攻性武器，必须从本国派出操纵人员。一下子在古巴出现这么多苏联人，根本无法保守机密。苏联人尚不至于做出这种愚蠢的举动。而且，如果苏联真的这样做，很可能导致美苏在古巴问题上产生对抗。这应该也是苏联不愿看到的。

第二天，中央情报局国家评估办公室发出了一份绝密备忘录，断言苏联不可能在古巴部署进攻型导弹。

9 月 19 日，美国情报委员会发布了关于苏联扩大在古巴的军事部署的《国家情报评估》特刊。

评估报告认为，苏联在古巴的军事部署首先是为了谋取政治上的好处，旨在加强古巴共产党政权的力量，以对付苏联和古巴所认为的美国推翻古巴政权的企图。苏联显然希望通过提高古巴的防御能力，威胁进行报复，以阻止美国对古巴的各种企图。报告承认苏联在古巴部署中程导弹或中远程导弹或建立潜艇基地将使苏联获得相当大的军事优势，将有力地加强苏联的战略力量，因而对苏联决策者具有吸引力，但基于如下考虑苏联不会采取这一行动。其一，苏联人一定知道美国一直在对古巴实施空中侦察。其二，苏联人显然认识到这样做的风险太大，一旦美国发现导弹，势必做出强烈反应，导致美国的军事干预，从而使自己的企图落空。其三，这一做法不符合苏联目前的政策，也不符合目前预测中的苏联政策。苏联从未将核武器部署到境外，连东欧国家也没有部署。其四，苏联如果在古巴部署进攻性武器，还面临一个如何指挥和控制的难题。

报告确认苏联不会把进攻性武器运进古巴，一些武器，如轻型轰炸机、潜艇和短程地地导弹虽然具有进攻性质，但整个行动在本质上是防御性的。报告建议密切关注苏联在古巴的动向，并提醒说，不应完全排除苏联将进攻性武器运进古巴的可能。

虽然如此，但是肯特知道由于前面的陈述，这段警告其实对决策者并没有产生多少实际的影响，在美国官员心中，已形成了这样的事情不太可能发生的结论。

这份评估后来被采纳，也成为了情报界的官方声明。

不过，对于这份评估，麦康依旧持有异议。他认为，要加强古巴的空防，有高射炮就够了，根本用不着萨姆导弹，古巴也没有什么东西值得用萨姆导弹来保卫。如果美国想入侵古巴，即使萨姆导弹也无济于事。因此，苏联把萨姆导弹运进古巴，一定还有其他动机，比方说，用萨姆导弹形成一个保护伞，不让 U–2 飞机发现。他认为，苏联在古巴的进攻性基地为其在世界上所有的重要地区进行讨价还价提供了“最重要的和有效的筹码”，因而它有可能冒着“前所未有的风险”来谋取这一地位。他要求再次进行最为仔细的研究。

麦康的判断可靠吗？肯特不敢妄下定论。但是在评估生成时，来自古巴的报道显示，苏联正陡然加快向古巴运输军事设施；虽然这个节奏要比“例行公事”快得多，但离“不受限制”还差很远。这些与评估相反的迹象以及资料数量比较稀少，不足以改变原来的评估结果；而且，麦康仍然没有证据证明自己的观点，不过是一种直觉判断。

苏联虽然胆大妄为，但是总体上尚属理性。冷战期间，苏联领导层一向小心谨慎地应对冷战中的各种危机，虽然习惯于挑衅，但一旦遇到美国的应战，它还是会冷静地后撤，从而使局势保持在可控的范围之内。在古巴问题上，美国的态度也是很清楚的。美国对古巴发动了隐蔽行动，企图摧毁古巴的经济；训练古巴逃亡者组成古巴旅，发动猪湾入侵，企图推翻卡斯特罗政权。苏联一定清楚美国的态度，那么根据苏联外交政策的模式，苏联人绝对不会在古巴承担如此大的风险。

对于这个判断，肯特十分地笃定。

古巴线人

9 月 20 日，情况有了新的变化。

中情局设在佛罗里达州奥帕洛卡的难民接待中心，来了一位古巴人。他告诉审讯员，古巴出现了一个“大家伙”。他把尺寸告诉了审讯员。这正是苏制中程导弹 SS–4 的准确尺寸。审讯员一开始并不相信，他把世界各国所有型号的导弹的照片都缩小成一般大，让这个古巴人看。此人没有犹豫，一下子就指出了苏联中程导弹的照片。国防情报局的分析员认为这份情报具有潜在价值，并于 9 月 27 日在情报界进行了分发。这个发现立即被报告给中情局总部。华盛顿总部也不相信那个古巴人所言是实。一位分析员在报告下面注了一笔，说那个古巴人可能把导弹的长度单位搞错了，不是米制，而是英尺。这样一来，他所发现的就不是中程导弹，而是防御性的萨姆 II 型导弹。

同日，中央情报局收到了另外一份情报，说位于古巴首都哈瓦那西南 50 英里的圣克里斯托波尔已经成为军事禁区，所有居民均已被强制迁出。

这份情报让肯特大吃一惊。根据 5 个月以来所搜集的信息，没有证据显示苏联已经开始装配中程导弹。苏联到底想在古巴干什么？难道之前的判断存在问题？

对肯特来说，目前缺乏确切的情报来源。这一次的情报可靠吗？肯特应该改变自己的判断吗？

思考题

1. 关于苏联在古巴的军备建设问题，美国情报界发现了哪些异常迹象？

2. 关于苏联在古巴的军备建设的性质，美国情报界是怎样判断的？

3. 在发现某些迹象和资料后，为何美国情报界仍然坚信苏联没有将进攻性武器运入古巴？

4. 你认为麦康的观点是否符合逻辑？

5. 谢尔曼·肯特及美国情报委员会得出的评估结论存在哪些问题？

6. 哪些因素造成了肯特和美国情报界的这次情报失误？是否可以采取一些措施来避免这样的失误？

六天战争

萨木村事件，阿以之间风波再起

1967年5月15日，埃及开罗。天刚蒙蒙亮，成群结队的坦克、半履带式装甲车、炮车和卡车如潮水般涌向尼罗河沿岸，挤满了开罗的主要交通干线。这支装甲车部队特意舍近求远，绕道外国使馆区，声势浩大地开出开罗，向伊斯梅利亚方向运动，然后经费丹大转桥越过苏伊士运河，朝西奈半岛开去。

与此同时，“米格–19”式和“米格–21”式战斗机也从沿运河的空军基地起飞，朝位于西奈半岛中心的比尔萨马达和季夫贾法井机场飞去；“米格–17”式飞机也进入了利卜尼山和阿里什机场的跑道。约中午时分，埃及军队总司令阿密尔元帅的座机也在比尔萨马达机场上降落。当没完没了的军用车辆穿过开罗的时候，首都上空出现了巡航的喷气式歼击机的编队。

就在前一天，埃及总统纳赛尔指令阿密尔元帅对埃及军队下达了第一号战斗令，两个师的埃及军队陆续开进了西奈半岛，开罗电台也发出了“消灭以色列”的号召。顿时，世界的目光都集中到了中东地区，战争的阴云再次笼罩在这块多灾多难的土地上。

纳赛尔是想同以色列开战吗？是什么促使他做出如此举动？

事情还得从头说起。

第二次中东战争结束后，迫于国际社会的压力，以色列军队从埃及领土上全部撤出，回到 1949 年的停火线。阿以双方都尽量保持着克制，不敢贸然行事。但以色列人和阿拉伯人都清楚地知道，阿以双方争夺生存空间的斗争和尖锐对立的宗教矛盾短时间内不可能从根本上解决，随时都存在着爆发大规模战争的危险。双方军队更是枕戈待旦，日复一日地在惴惴不安中度过，严密地监视着对方的一举一动。所幸，除一些零星的冲突外，还算相安无事，没有发生大规模的流血战斗。

然而，进入 1966 年之后，阿以关系进入了新一轮的紧张时期，阿拉伯人和以色列冲突不断。而由于在对以开战问题上与阿拉伯强硬派存在分歧，纳赛尔正遭到其他阿拉伯国家越来越多的非难甚至嘲讽。1966 年的萨木村事件更是把他推到了风口浪尖上。

1966 年 11 月 12 日，以色列巡逻队在约以停战线旁巡逻，一辆指挥车触发地雷，造成 3 人死亡，6 人受伤。这一事件在以色列国内引起轩然大波。以色列不愿息事宁人，而希望把事态搞大。它首先指责约旦，说这是约旦的预谋入侵。实际上，它很清楚，事件虽然发生在约以边界，但究竟是不是约旦人干的，则很难断定。而更大的可能性是，这次又是叙利亚支持的巴勒斯坦游击队干的。然而，要对叙利亚实施一般性报复袭击，是绝不可能的。叙以边界线不利于以色列。叙利亚一侧的戈兰高地海拔 800~1000 米，居高临下，易守难攻；再加上近几年叙利亚人在苏联帮助下，在戈兰高地建立了牢固的防御阵地，进攻这些地方，会造成很大伤亡。因此，以色列来了个杀鸡给猴看，拿约旦作为出气的对象。

11 月 13 日黎明，以色列出动了一支装甲部队，在空军和炮兵的掩护下，向约旦河西岸希伯伦地区的萨木村进发。全副武装的以色列士兵，把约旦老百姓赶出住房，到门外集合。在确认房内已经无人后，以色列士兵开始放火，共烧毁了 125 间房屋，整个村庄被夷为平地。

萨木村事件在约旦国内引起强烈反响，人们谴责以色列的暴行，也谴责政府的软弱无能。激愤的人们甚至把怒气撒到纳赛尔身上。你不是阿拉伯民族的天然领袖吗？萨木村人民受难时，埃及军队在干什么？安曼电台对纳赛尔更是百般奚落，说约旦的军人捐躯疆场，而埃及人则“躲到了联合国紧急部队的裙摆后面去了”。

一波未平，一波又起。1967 年 4 月 3 日，以色列官方宣布，以色列将耕种非军事区内的全部土地，包括属于阿拉伯农民的第 51 号区和 52 号区。消息一出，立即引起阿拉伯人的强烈反应。4 月 7 日，一辆以色列装甲拖拉机在军队的掩护下，开始强行耕种阿拉伯人的土地。叙利亚军队鸣枪警告，双方发生冲突。戈兰高地的叙利亚炮兵向以色列开炮，而以色列则出动飞机炸毁了这些大炮。随后，叙利亚也出动空军与以色列交战。叙利亚空军出动的是当时最先进的米格 –21 战斗机，而以色列则出动了法国制的“幻影”战斗机迎击。几分钟内，6 架米格 –21 折戟沉沙，而“幻影”则毫发无损。胜利的以色列空军乘胜追击，一直前进到叙利亚首都大马士革上空。以色列此举也许是给叙利亚人一个警告：在以色列军队眼中，戈兰高地不是天然屏障，米格 –21 也不是保护伞。可是，以色列此举在阿拉伯人看来，却是一个十足的挑衅行为。叙利亚援引《叙埃防务条约》，指责埃及作壁上观，而约旦的新闻媒介再一次极尽奚落之能事，嘲笑纳赛尔。一家约旦报纸问道："当叙利亚首都大马士革遭到明目张胆的空中侵犯时，开罗做了些什么？"

纳赛尔的处境相当尴尬，如果继续无所作为，将影响他在阿拉伯世界的地位和形象，但他实在不愿意在这个时候与以色列发生冲突。

纳赛尔决定对叙利亚人进行约束。4 月 17 日起，埃及总理苏莱曼与叙利亚领导人进行了为期 5 天的会谈。会谈中，埃及要求叙利亚克制自己，停止暴力行动，但遭到叙利亚人的反对。埃及不得不答应，一旦以色列侵略叙利亚，埃及将向叙利亚提供援助。双方保证，如果以色列再次挑起战争，埃叙双方将采取联合行动。

5 月 1 日，纳赛尔在"五·一"节演说中警告以色列：埃及准备向叙利亚派遣飞机，以对付以色列。苏联也向以色列发出了一份措辞强硬的照会，警告以色列不要启衅。

然而，事与愿违，叙利亚并未因埃及的压制而停止袭击活动，而是继续支持法塔赫发动更为频繁的袭击。5 月 4 日，一辆拖车在巴拉姆附近公路上触雷；5 月 5 日，法塔赫突击队在黎巴嫩边界的田野上架起一门迫击炮，炮击马纳拉农庄，并炸毁纳胡姆村附近的一架抽水机。据记录，5 月上旬共发生了 11 起事件。

以色列对此做出了强烈的反应。5 月 11 日，以色列总理艾什科尔向叙利亚发出正式警告：除非叙利亚人停止侵略行动，否则以色列军队将在自己选择的时间和地点，以自己选择的方式回敬叙利亚人。以军总参谋长伊扎克·拉宾也威胁道："我们将对叙利亚发动闪电战，占领大马士革，推翻那里的政权后再班师回国。"

紧张的局势让纳赛尔有种山雨欲来风满楼的感觉……

铤而走险，纳赛尔出兵西奈

纳赛尔的桌上，散落着几份情报。一份是5月12日苏联发来的急件，上面称：以色列正在叙利亚边境附近集结大批部队，进攻迫在眉睫。第二份是当天晚些时候从苏联传来的急件，上面明确指出以色列的进攻时间是5月17日4时。另外还有一份是苏联驻开罗大使5月13日转来的急件，上面称：以色列在叙利亚边境集结了11至15个旅的步兵和装甲部队，这些部队将于5月17日凌晨4时至5时之间进攻叙利亚。这些情报，纳赛尔已经看过无数遍了，但每次看完，纳赛尔仍是愁眉不展。

纳赛尔自命为阿拉伯民族的领袖，可是，其他阿拉伯国家的领导人却不断向他挑战，给他出难题，这让他委实难堪。想到这，纳赛尔懊恼地用手狠狠敲了一下桌子，随后拿起正在苏联访问的埃及副总统萨达特传回的情报。情报的内容没有什么新奇之处，不过苏联建议埃及增兵西奈半岛，并表示苏联将在埃叙同以色列的作战中给予支持。纳赛尔身子往后仰了仰，心里似乎有了主意……

5月14日，纳赛尔召开了有埃及武装部队总司令阿密尔元帅和情报机构负责人萨拉赫·纳斯尔参加的紧急会议。会上，纳斯尔极力说明情报的可靠性。联系最近以色列报纸和舆论的反应，纳赛尔认为“再也不能无所作为了”，他已经当众向叙利亚做过保证：一旦以色列对叙利亚发动攻击，他将派军队援助叙利亚。现在是兑现诺言的时候了，否则他和他的国家在阿拉伯世界和全世界面前都将抬不起头来。会议决定，对以色列采取威慑行动，派大批装甲部队、飞机和步兵向西奈半岛集结，公开威胁以色列的南部边界，使以色列不敢在北方叙以边界轻举妄动。

当晚，纳赛尔指令阿密尔元帅签发了第一号战斗令：

“自5月15日14时30分起，部队进入最高戒备状态。参加这次军事行动的师和营根据作战计划离开驻地，向指定的集结地区运动。

“部队整装待发，根据军事行动发展情况，为赴以色列战线参战做好准备。”

于是，就有了文章开头发生的一幕。

可是，阿拉伯人不仅仅满足于纳赛尔对以色列做出强硬姿态，而是要求他发动一场旨在消灭以色列的战争。为此，作为纳赛尔在阿拉伯世界的老对手，约旦嘲笑纳赛尔“躲在联合国紧急部队的保护屏后面，发出一些好战的叫嚷”，“假如埃及人确实言行一致，那么就让他们以赶走联合国部队来表明自己的诚意吧”。

在阿拉伯国家的步步紧逼之下，纳赛尔步步前行。

5月16日22时，埃及负责与联合国紧急部队联络的军官易卜拉欣·沙卡维准将，向联合国紧急部队的印度司令官里基赫递交了埃及总参谋部的信件，称以色列正在叙利亚边境集结部队，如果它进攻叙利亚，埃及将向叙利亚提供援助。如果战争爆发，联合国部队将处于危险之中，因此，埃及要求联合国部队立即撤出西奈。里基赫对此感到非常震惊。他告诉沙卡维，作为这里的司令官，他无权采取任何行动，因为他是听命于联合国的。信件被转给联合国秘书长吴丹。吴丹发现，埃及并不是要求全部联合国紧急部队撤出埃及，它只要求沿西奈和加沙边境上的驻军撤入联合国军营地，并没有提到驻扎在蒂朗海峡入口处的联合国军分遣队。开罗的新闻公报和电视台都肯定了这一点。

吴丹在与联合国顾问委员会商议后认为，不能要求联合国“靠边站，以便让双方重开战事”。他告诉埃及，联合国不能遭到戏弄，他不同意局部撤军，也不同意暂时撤军。要么全部保留，要么一个不留。随后，吴丹公开了他的决定。

5 月 18 日，埃及做出了断然反应。埃及外交部长里亚德受命通知吴丹：埃及政府决定结束联合国紧急部队驻扎在阿联（指埃及）领土上和加沙地带的状况，请秘书长采取必要的措施，在最短的时间内撤走这些部队。

甚至在里亚德写这封信之前的 5 月 17 日，埃及武装部队就已经开始接管联合国部队的各个哨所。18 日，埃及军队进据蒂朗海峡的入口处沙姆沙伊赫；次日，联合国紧急部队司令部降下了联合国的旗帜。

5 月 21 日，埃及派伞兵在沙姆沙伊赫空降，占领了这一军事要地，埃及战舰也穿过苏伊士运河，分布在红海和亚喀巴湾的入口，更多的部队向西奈半岛开进。

下一步自然就是关闭亚喀巴湾，封锁蒂朗海峡了。

半推半就，纳赛尔祭起威慑法宝

在封锁蒂朗海峡问题上，纳赛尔犹豫了。

纳赛尔非常清楚蒂朗海峡对以色列的价值。以色列在很大程度上依靠蒂郎海峡获得石油等物资，该海峡对以色列还有政治战略意义。基于这一原因，以色列把封锁海峡视为对其主权的侵犯。1956 年时，以色列就是因为埃及封锁蒂郎海峡而决心开战的。自那以后，以色列人在海峡问题上的态度非常鲜明：封锁海峡等于开战。另外，蒂朗海峡被定为国际水道，按国际惯例，任何国家的船只都有无害通过国际水道的权利。埃及如果对其封锁，势必会引起英美等海运大国的反对；而且，“天然盟友”苏联也未必会在此问题上支持埃及。

然而，阿拉伯人却不允许纳赛尔犹豫，他们强烈要求他关闭蒂朗海峡，约旦电台在不停地对他使用激将法：“埃及人夸下海口，但是以色列船只照样在蒂朗海峡通行无阻。”

爆发战争的可能性是多少，纳赛尔心里做了盘算：当他把军队集结到西奈半岛时，他估计爆发战争的可能性为20%；如果封锁海峡，开战的可能性为50%。

紧接着，纳赛尔又把这时的形势与1956年苏伊士战争前夕的形势进行了一番比较。他认为，封锁蒂郎海峡有一定风险，但以色列人不会发动进攻，为什么呢？

首先，从大国的态度来看。苏伊士运河战争时，以色列得到英法的支持，它们不仅为以色列提供空中保护，而且亲自出兵对埃及开辟第二战场。而此时，西方国家已不愿再如1956年那样支持以色列了，美国警告以色列不要开第一枪，戴高乐也警告以色列不要打仗，英国则不闻不问。以色列只有在它得到西方大国同意的情况下才会冒险进攻，不会单靠本国的力量来发动战争。1956年的埃及是孤军作战，而这次整个阿拉伯世界却团结起来，唯他马首是瞻。而且，苏联盟友信誓旦旦，会保护埃及的安全。这与1956年也是不一样的。

其次，那时和以色列作战的是一支部署在西奈的力量薄弱的埃及军队，而大部分埃及军队正集中在运河附近抵挡英法军队的进攻。即使在那个时候，以色列也未能夺下阿布奥拉和拉菲亚两个阵地。而现在，整个战线的防御工事要比1956年坚固得多，而且埃及军队的数量和武器也今非昔比。以色列未必敢碰埃及这块硬骨头。

对于埃及目前的军事实力，纳赛尔还是相当满意。从 1963 年开始，苏联向埃及大规模地提供当时最先进的飞机如米格 –21 和苏 –7、图 –16，以及 T–54 坦克，后来甚至提供了更新式的 T–55 坦克及萨姆 –2 导弹。在空军力量方面，埃及共有 580 架飞机，其中作战飞机 380 架，而以色列只有 354 架飞机，作战飞机 196 架。从纯兵力来看，埃及对以色列占有较大的优势，埃以飞机数量对比达到 2.5∶1，坦克数量对比达到 2∶1。是的，这足以对以色列产生巨大的威慑作用。

5 月 21 日，纳赛尔参观了位于西奈半岛季夫贾法井的空军基地，飞行员告诉他，他们只需几个小时就能消灭以色列空军。飞行员的乐观给了纳赛尔信心，当他离开空军基地的时候，他相信，这一次埃及军队不仅与以色列旗鼓相当，甚至还更胜一筹。回去之后，他准备封锁亚喀巴湾。他说："犹太人已经发出了战争威胁。我们告诉他们：欢迎你们，我们已经做好了战争准备。我们的军队和全体人民已经做好了战争准备。"这次参观可以说完全改变了纳赛尔对阿以双方力量对比的看法。纳赛尔认定，以色列不会发动全面战争。即使采取行动，也完全可能是有限的行动，充其量也就是占领加沙地带和阿里什地区。而自己的军队很强大，足以阻止以色列获得任何决定性的胜利。从最坏的方面考虑，万一战争的进程不利于埃及人，在以色列取得某些局部的、有限的胜利后，埃及人的防御部署和苏联朋友在联合国谋求立即停火的行动，也会阻止以色列人前进。而在这种情况下，海峡依然处于封锁状态，王牌仍旧在他手中。

以色列艾什科尔政府的态度也鼓励了纳赛尔。5 月 21 日，艾什科尔政府发表了以色列自联合国军队撤走之后的第一篇声明。声明中，艾什科尔呼吁保持以色列及其邻国之间的和平，要求纳赛尔从西奈撤军，至于海峡问题，他甚至只字未提。纳赛尔从中得出结论：以色列的艾什科尔政府不敢打仗。失去了本·古里安和摩西·达扬的以色列，是不可能为了海峡与埃及打仗的。如果他封锁海峡，也许以色列只会忍气吞声。纳赛尔当然知道以色列政府里面存在一些主战的反对派，但他不相信反对派能左右事态的发展。

5月23日，纳赛尔会见了来访的吴丹。他告诉吴丹，他准备封锁亚喀巴湾。纳赛尔的意思是，在这段时间内，双方都不要采取行动使问题激化，以色列不要让船只通过海峡，而埃及也不搜查任何船只。这样，事态就会逐渐平息下来。吴丹则警告说，以色列已经表示，封锁海峡是一种战争行为。随后，埃及宣布了纳赛尔的决定，并说，埃及和以色列现在已经处于临战状态。

5月26日，纳赛尔发表讲话，称他曾想等待阿拉伯国家强大起来并做好准备后再对以色列采取行动，为此他曾遭到其他阿拉伯国家的责难："现在我们感到我们已经非常强大，可以和以色列进行一场战斗。在安拉的帮助下，我们能够获胜。正是在这个基础上，我们才决定采取实际行动。"他说："采取这一行动还意味着我们准备与以色列打一场全面战争……我们的基本目标是摧毁以色列。要是在5年甚至3年前，我很可能不会谈这件事。在1956年已过去大约11年的今天，我谈起了这件事，因为我有信心。"

然而，当纳赛尔从电台里听到摩西·达扬出任以色列国防部长的消息后，他意识到，战争已经不可避免……

思考题

1. 纳赛尔通过总参谋部要求联合国维和部队撤出，是何意图？

2. 你认为纳赛尔的威慑战略存在什么缺陷？

3. 在封锁蒂朗海峡问题上，纳赛尔对国际局势的判断是否准确？如果你是纳赛尔，你会如何看待当时的国际形势？

4. 如果你是纳赛尔，如何看待埃以军事实力对比？

5. 纳赛尔在分析以色列的意图时存在什么缺陷？

赎罪日战争

1973 年 10 月 6 日 14 时，埃及和叙利亚同时在南、北两条战线上向以色列发起进攻，赎罪日战争（即第四次中东战争，又称斋月战争、十月战争）由此拉开序幕。开战 48 小时内，南线埃军迅速渡过苏伊士运河并突破“巴列夫防线”进入西奈半岛，北线叙利亚军队也攻入了戈兰高地。这场战争让以色列付出了巨大代价，让阿拉伯国家重拾了信心，让阿以之间的战略平衡得到了恢复，让开启中东和平进程出现了希望。

赎罪日战争是一场典型的现代战争，战争发起方的组织准备工作头绪多、周期长、动静大，不可能完全不被对方情报部门所发觉。而以色列情报搜集能力真可谓出类拔萃，战前对以埃及为首的阿方阵营军事实力、兵力部署乃至作战计划和行动方案掌握得相当准确、详尽，对阿方的一举一动特别是异常举动基本上摸得一清二楚，理论上应当有可能获得足够的预警和反应时间不让阿方突袭得逞。然而，情报的获取是一回事，而分析、处理和运用起来又是另一回事，要摸准敌方真实意图并及时做出反应更不是一件简单的事。那么，以色列情报部门和决策当局战前对阿以对抗形势和阿方意图作何评估，又如何对所获战争征候和预警信息进行判断与处置，值得仔细审视和思考。

从消耗战争到遏制战略

1967年6月，以色列通过突然发动六天战争（即第三次中东战争，又称“六·五战争”），击垮了埃及、叙利亚和约旦等阿拉伯国家联军，建立了对阿战略优势，占领了四倍于以色列原有领土面积的阿方土地。战后，惨遭失败的阿拉伯国家发誓要通过战争手段夺回被占领土，拒绝承认以色列，决不与以进行接触、和解和谈判；而以色列也无意执行“以土地换和平”的联合国第242号决议，斥巨资在苏伊士运河东岸构筑了抵御埃及渡河进攻的“巴列夫防线”，在戈兰高地构筑了由三道防线组成的反坦克防御体系。阿拉伯“带头大哥”埃及在苏联的援助下迅速重整军队，与以色列在苏伊士运河地区打了一场旷日持久、谁也没有得到好处的消耗战争。1970年8月，埃、以在苏联和美国的干预下勉强达成了停火90天的协定，但双方敌意未除，陷入了不战不和的对峙状态。

1972年，以色列开始对阿拉伯国家采取遏制战略，试图从消耗战争中摆脱出来，致力于发展国内经济。当年的国防开支比1971年的60亿以磅减少了7亿，预备役人员集中训练时间由60天减为30天。遏制战略的基本构想是，军事上保持快速反应的态势，随时击退越界进攻之敌，打消阿拉伯国家的侵略念头；一旦遏制失灵，便采取全面对抗行动，以军事上的绝对优势使阿拉伯国家丧失继续战斗的意志。具体措施包括“警报”“动员”“阻止”和“反击”，即：提前24小时发出战争“警报”并展开“动员”，交战之初先由空军和部署在停火线上的部队“阻止”敌军进攻，待动员全面完成后迅速发起“反击”，决战决胜。以军估计，动员令发布后48至72小时，动员的兵力可奔赴一线作战。如果实施全面动员，以军总兵力可达37.5万人。作为反击力量，在西奈战线上有担任阻击的1个旅和担任机动打击的2至3个旅，可在H时（战争发起时）后24至48小时实施反击；在戈兰高地前线，可在H时后48小时使用动员的兵力实施反击。

遏制战略的基础是以色列具有对阿压倒性军事优势，关键是要提前至少24小时展开动员和临战准备，而前提则是情报部门必须要提前至少24个小时发出明确的战争警报。在转取遏制战略后，以色列情报部门的责任更加重大。这里有必要交代一下，当时的以色列情报机构中，是阿曼（以军总参谋部军事情报部）而不是摩萨德（相当于以色列的中情局）居主导地位，负责提供政府决策所需的战略情报判断，甚至直接参与决策。1972年12月接替亚里夫出任阿曼掌门人的埃利·泽拉少将是一名具有卓越才能、很高威望和巨大影响的优秀军人，上任后就提出阿拉伯国家可能发动战争的两条假设：第一，埃及在能够轰炸以军机场，瘫痪以色列空军之前是不会发动进攻的，而要具备这种能力恐怕要到1975至1976年；第二，叙利亚没有能力单独进攻，它不同埃及联合是不会发动进攻的。这两条判断就是著名的“泽拉概念”，对阿曼尔后判断处置战争征候和预警信息具有重大影响。泽拉信誓旦旦地表示，阿曼有能力在敌人发动战争的24小时以前发出警报，总参谋部对此也寄以期望，并把这作为发布动员令的依据。

阿拉伯国家的“和”“战”信号

1970年9月28日，埃及总统阿卜杜尔·纳赛尔带着屈辱、不甘和深深的遗憾猝然辞世。10月15日，穆罕默德·安瓦尔·萨达特继任埃及总统。萨达特上台后声称：1971年将是决定性的一年，要么和平、要么战争，有关国家必须做出选择。当年2月4日，萨达特在国民议会上提出了和平倡议：如果以色列从运河东岸撤至山口地区，那么埃及在部队渡到运河东岸以后准备开放苏伊士运河，让以色列船只通航，并考虑恢复与美国的外交关系。但这一倡议遭到了以色列的拒绝，而美国方面的反应也很冷淡。10月份，萨达特下达了夺回西奈的军事行动命令，由于12月8日印巴战争爆发，埃及没有得到苏联的军援，这一年并没有“决定”什么。

转眼到了1972年，埃及面临的内外形势更加严峻：1月25日开罗发生了反政府暴动，国内政权不稳；5月22日，美苏首脑会晤决定中东问题维持现状，依靠美苏解决中东问题的希望落了空。7月16日，萨达特召见苏联大使，要求苏联自17日起10天内撤走在埃军中的全部军事顾问，苏联的军事设施全部由埃及接管，苏联的装备要么撤走要么卖给埃及，埃及同苏联的交涉只能在开罗进行。在驱逐1.9万名苏联顾问的同时，埃及于7月18日得到了美国自1967年以来就中断了的对埃及的经济援助，金额达1.046亿美元。

对于被逼到墙角的萨达特来说，武力解决中东问题恐怕已是其不得不然的选择。那么应打一场什么样的战争呢？萨达特同军界首脑之间出现了意见分歧。1972年10月24日，萨达特在吉萨总统官邸召开最高军事会议。会议从下午 9 时一直开到深夜，其间展开了激烈的争论。总司令萨迪克主张同以色列打一场全面战争，把战争推迟到埃及空军力量能同以色列空军对抗时进行，一举收复所有失地。萨达特主张打一场目标有限的战争，指出："如果我们能在西奈拿下哪怕 1 英寸的土地，并能站住脚跟不撤退，那么我们就能改变东西方的态度，改变一切，特别是 1967 年失败后我们生活于其中的耻辱。渡河到西奈并在那里坚守将使我们恢复自信心。"10 月 26 日，萨达特解除了"不听话"的萨迪克将军职务，任命沙兹利为总参谋长、伊斯梅尔为国防部长兼阿拉伯联军总司令。需要指出的是，叙利亚总统哈菲兹·阿萨德也不赞同萨达特的主张，他对和以色列谈判完全不感兴趣，认为只有用完全的军事手段才能夺回戈兰高地，到那时才能威逼以色列交出约旦河西岸地区和加沙地带，并迫使以做出其他让步；而在上一场战争中被"坑"了的约旦国王侯赛因对新的战争则毫无兴趣。

进入 1973 年后，埃及显然还在做外交努力。2 月份，萨达特派特使赴华盛顿向美国总统尼克松转交了他的亲笔信，指出中东地区的形势已恶化到要爆炸的程度，希望美国施加影响以取得一个"全面公正的解决"。但尼克松却表示美国所能强迫以色列做的事极为有限，"在可以想象的任何解决方案中，埃及都不能达到它的最高要求"。在随后的会谈中，美国国务卿基辛格也希望埃及作为六天战争的失败者应做出更大的让步，以换取以色列从西奈撤军。同月，伊斯梅尔赴莫斯科访问，苏联的答复是其对中东奉行"不干预政策"。3 月 26 日，萨达特在人民议会会议上宣布自己兼任总理，声称："全面对抗局面已难以避免。不管愿意与否，我们已经面临这样的局面。我们必须不顾一切牺牲，准备军事行动……要首先完成军事准备，其次在阿拉伯世界展开外交活动。"3

月底，萨达特在接受美国新闻周刊专访时表示：“如果我们不把事情掌握在自己手中，那就不会有进展……我的一切努力所导致的都是要我们做更多让步的压力……我打开的每一扇门，随着美国人的祝福，都‘砰’的一声当着我的面关上了。”记者问道：“从你的讲话中我只能得出一个结论：你相信只有重开战争才是唯一的出路，对吗？”萨达特回答：“你说得很对。我国的一兵一卒、一草一木，都在为现已不可避免的重新开战而认真动员起来。”

不过，萨达特的“豪言壮语”更多地被理解为说给国内人民听的，为了安抚民心做做样子而已，没有人相信他会动真格的。阿曼估计，埃及虽然从苏联得到了各种武器，但要完全掌握和熟练运用这些武器大体还需要 2 至 3 年的时间。以军总参谋长达多·埃拉扎尔 1973 年年初做出判断，当前偶发事件和消耗战争的可能性较小，只要能够遏制住埃军不发动战争，那么其他阿拉伯国家就不会单独轻举妄动。以色列国防部长摩西·达扬认为，在 1973 年上半年以前应该不会发生战争。

吊诡的是，战争迹象越来越明显的时候，埃及和叙利亚仍在频频展开“和平攻势”。两国不断派出高级官员出访并邀请外国领导人来访，在报刊和电台的宣传中减少用武力解决中东问题的言论，对巴勒斯坦游击队的好战言论各大报刊均“不以为然”。在 9 月份举行的不结盟国家首脑会议期间，萨达特甚至成功地促使会议通过一项决议，要求以色列从西奈半岛撤军。在阿拉伯社会主义联盟举行的悼念纳赛尔的大会上，萨达特总统发表了调子不高、有节制的讲话，这与他过去几个月间措词激烈的演说也截然不同。埃及外交部长 10 月到纽约出席了联合国大会，并计划在 10 月 5 日同基辛格会见，讨论政治解决中东问题。叙利亚也表示，愿意同联合国秘书长瓦尔德海姆会见，讨论联合国第242号决议。上述迹象似乎表明，埃叙宁愿通过外交途径而不是诉诸武力来解决阿以问题。

并未爆发的“五月战争”

1973年4月，阿曼发现18架黎巴嫩“幻影”战斗机和16架伊拉克“猎人”式战斗机抵达埃及，预计更多的战斗机会从沙特阿拉伯和科威特赶来。阿曼认为，埃及的空军实力显著增强，因为法制“幻影”战机具备渗透打击以色列空军基地的能力。同月，苏联提供的“飞毛腿”战术导弹运抵埃及。同月，埃及在苏伊士运河地区开始举行大规模军事演习。

4月16日，泽拉提出了一份形势报告，认为有明显迹象表明埃及将在5月发动战争。报告列举的战争迹象包括：埃及一些精锐部队部署到新的基地；埃军总部的通信联络由无线电改为有线电；埃及在运河西岸修筑了大约65座碉堡，最高的一座可以观察到运河彼岸的以方活动；埃及修筑了几处渡河坡道；埃及动员了民防力量，在一些城市实行灯火管制，并呼吁民众踊跃献血。报告还详述了埃及战争计划，列举的埃军10个渡河点位中仅1个与实际位置偏差了几英里。但过了不久，泽拉又提出另一份观点截然相反的报告，认为爆发战争的可能性减小了，原因是埃及对以军空袭叙利亚毫无反应，“萨达特走到战争边缘后再次退了回去”。

5月1日，萨达特在亚历山大港发表演说：“即将到来的战争不仅仅满足于收复失地，而且还要结束23年来以色列的狂妄姿态。为此，我们准备付出 100 万人的牺牲。”以军总参谋长埃拉扎尔根据苏伊士战线上的紧张局势，没有采纳泽拉关于战争爆发可能性减小的判断，还是发布了局部动员令，以应付紧急事态。动员部队于 5 月 15 日在耶路撒冷集中，参加完国庆阅兵式后，便奔赴戈兰高地和西奈半岛前线。5 月 17 日，埃及对外宣称："因为美苏首脑会谈将于 5 月举行，出于政治上的考虑，推迟了战争。"萨达特本人事后的说法也前后不一，一会儿说"曾计划发动 5 月战争"，一会儿又说"5 月战争是掩护十月战争的欺骗行为"。埃拉扎尔则坚持认为，是"5 月的动员遏制了阿拉伯人即将发动的战争"，正是由于以色列发布了动员令，加强了边境防备，埃及判断已无法达成战争的突然性，才推迟了战争。

不管怎么说，以色列为应对"5 月战争"进行的局部动员的确是空忙了一场，白白浪费了 1100 万美元。总参谋长埃拉扎尔没有听取阿曼负责人泽拉的判断，执意要进行动员，这导致后来以色列在是否发布动员令上变得小心谨慎起来。通过这一事件，人们对泽拉的形势判断更加信赖。5 月危机过后不久，达扬 6 月 23 日在美国《时代周刊》上发表谈话说："在今后的 10 年里将没有战事，这 10 年里，目前的停火线将被冻结。" 8 月 10 日，他又在国防军指挥参谋学院发表演说："今天，以色列的遏制力量在发挥较大的作用，我们的军事力量已处于优势，足以使目前阿拉伯国家减弱发动战争的企图。"

纷至沓来的战争征候

转瞬之间到了 1973 年 9 月，随着 D 日（开战日）的临近，战争征候与预警信息骤然增多。到开战之前，阿曼接到的阿拉伯国家即将发动进攻的情报信息达400件，不过这些重要的材料并没有呈送给军政首脑，而在中途被挡了下来。

9月7日，阿曼发现叙利亚已经向前线增兵一个步兵旅，叙利亚空军的戒备等级也有提高。11日，航空侦察显示，叙军在前线除了进行常规部署，还增加了130余辆坦克和35个火炮连。23日，航空侦察发现，叙军已经在前线后方全面展开。阿曼认为，叙利亚本身的实力不足以发动一场战争，尽管在戈兰高地发现了战争征兆，但并不表示叙会发动战争，其军事部署可能是为阿萨德出访阿尔及尔制造舆论，也可能是防止以色列的进攻。

9月中旬，以色列从谍报来源得知，萨达特决定在年底发动战争。阿萨德总统表示，一旦埃及对以作战，叙利亚将进攻戈兰高地。

9月24日，美国中央情报局通报：埃军演习以整师规模进行，为近几年来的首次；埃军正在储存比以往任何时候都要多的弹药，集结迄今所见最为广泛的后勤支援；埃军建立的野战通信网令人吃惊，其复杂程度远远超出了演习的需要。

9月25日，约旦国王侯赛因当面向以色列总理梅厄夫人提出警告，叙利亚已经做好战争准备，而埃及将加入叙利亚一方作战。梅厄要求国防部长达扬、总参谋长埃拉扎尔和阿曼对此进行评估。阿曼情报分析人员认为不存在这种可能性。埃拉扎尔表示同意。

9月28日，人力情报来源反映，叙利亚陆军已经处于半戒备状态，空军也做好了战斗准备，叙军扬言“这次将会是一场战争，而不是一次冲突”。

9月29日至30日，美国情报界通报：叙利亚已经准备发动一场战争，目标是占领戈兰高地。

9月30日至10月1日，摩萨德特工报告：埃及开始大规模的渡河演习，将以真正的渡河行动而告终；叙利亚将参战；埃叙联合军事行动由埃及指挥。收到这个消息后，泽拉却说：“我们从各处收到一些严重的情报。对有些人来说，昨天晚上是一个不眠之夜，但是，我从中看不到战争的可能性。”

10月1日，阿曼接到报告：埃及已经决定渡过苏伊士运河，占领米特拉和吉迪通道，目的在于促使超级大国介入埃以冲突，以重开苏伊士运河，同以色列谈判，缔结一项永久的埃以政治协定，但是进攻的具体日期还没有确定。

9月份，以色列北部军区注意到，叙利亚装甲部队正以空前的规模部署，“萨姆”导弹已经架上大马士革平原上的发射架。达扬和埃拉扎尔对此非常重视，他们视察了戈兰高地，发现叙利亚在离边境2英里处部署了中程火炮，10月2日又发现叙军炮兵连增至108个，一天过后竟达到140个，而坦克也有900多辆。这是非常明显的战争征候，达扬和埃拉扎尔心中一清二楚。

10月1日和3日，以色列南部军区西曼·托夫中尉两次呈递报告，认为埃及的演习是为了掩饰其战争准备，但报告却被南部军区首席情报官格达利亚中校扣住未发，理由是这份报告与阿曼的判断相矛盾。泽拉直到战后才看到这两份报告。

10月3日，应达扬的要求，梅厄夫人召集部分内阁成员在家中开了一次“厨房内阁会议”，副总理阿隆、国防部长达扬、总参谋长埃拉扎尔和不管部部长加利利等参加，泽拉因病临时由其副手沙勒夫代为出席。会上，埃拉扎尔和沙勒夫详细介绍了南北两条战线的情况。梅厄问：“在目前的态势下，阿拉伯国家可能发动进攻吗？”沙勒夫答：“有可能，不过阿曼的判断是：阿拉伯国家发动进攻的可能性很小。”沙勒夫认为，埃及的演习和叙利亚的军事部署之间没有直接的联系，埃叙进攻的可能性不大，因为“阿拉伯人对西奈兵力对比的评估方面并未发生使他们可能投入战争的那种变化”。埃拉扎尔表示同意。达扬虽然心存疑虑，但没有说出来。于是，会议形成了结论：“埃及沿边界集结兵力并不意味着战争迫在眉睫。”针对南部军区司令葛农要求采取若干预备措施，总参谋部指示：不能采取可能导致全面战争的行动。

10月4日，焦虑不安的达扬召集总参谋长、副总参谋长和北方军区司令及沙勒夫开会，讨论边界的形势，但仍没有推翻“厨房内阁会议”的判断。不过，由于当晚接到阿曼关于苏联回撤驻埃人员的报告，达扬预感形势有变，同意总参谋部发出C级战备命令，让现役部队进入最高戒备状态。

10月4日夜间，摩萨德值班员向泽拉的副手沙勒夫报告，其特工人员已掌握埃及进攻的准确时间；但沙勒夫怒斥道：如果有人胆敢再次在这种时间告诉他如此荒唐的事情，就一定不让他在以色列政府机关干下去。

10月5日上午9点45分，达扬在埃拉扎尔和泽拉的陪同下晋见梅厄夫人，向其汇报边界形势最新进展，并建议召开内阁会议进行讨论。此时已是赎罪日前夕，很多部长已经回家过节，梅厄决定只召集居住在特拉维夫的5位部长开会。会上，泽拉报告了苏联从埃及和叙利亚撤出家属的情况，说可能是苏联已经知道了阿拉伯国家要发动战争的情报，担心以色列进行反击，所以提前撤出家属。埃拉扎尔看着边界附近的航空照片说：“阿拉伯国家这样展开兵力，既可认为是为了进攻，也可认为是为了防御。”泽拉仍然坚持“发动进攻的可能性很小”。会议决定，授权总理和国防部长适时下达全面动员令。梅厄相信泽拉的判断，会后准备到女儿所在的基布茨去过赎罪日。但达扬不同意，或许他的潜意识里已经意识到战争不可避免，因此不愿意在战争爆发之时总理不在首都。

10 月 5 日，以色列又发现埃军已沿苏伊士运河紧急展开，前沿阵地的炮兵连增加到 194 个，5 个步兵师已全部展开，所有 5 个架桥和渡河器材集结地点都堆满了器材，运河全线的坦克掩体已全部配置了坦克，保障渡河的浮桥部队已进入后方地域。当日 13 时，阿曼埃及情报小组负责人班德曼中校起草了一份情报分析报告，列举了埃及的军事集结，但结论却是“即使运河沿岸的军事部署似乎反映了进攻的企图，根据我们所做的最佳评估，埃及人对于他们自己和以色列国防军之间的军事力量对比的判断并未发生任何变化。因此，埃及企图重新开战的可能性很小”。一位海军情报军官在分析了所有这些征候后，向上司陈述了自己的看法——战争一触即发，但没有被采信。

10 月 5 日下午，摩萨德首脑扎米尔和发出代号为“拉迪什”战争警告的特工见了面，得知战争将在 10 月 6 日晚上爆发。同时在场的另外两个摩萨德特工立即通知国内，此时离战争爆发大约还有 22 个小时。10 个小时后，梅厄、达扬和埃拉扎尔才得知这个重要情报。

10 月 5 日 17 时，阿曼信号情报搜集部门得知埃及和叙利亚决定发动战争，并立即报告沙勒夫。值班人员草拟了一个紧急报告，准备分发到政治、军事决策者手中，但泽拉直到 10 月 6 日 5 时才同意签发。第一时间得知此消息的达扬立即打电话报告梅厄，并让副官通知国防部高级官员和总参谋长到他的办公室开会。5 时 50 分，以色列决策人物齐聚达扬的办公室。埃拉扎尔请求立即进行总动员，并由空军对叙利亚和埃及进行先发制人的空袭。但达扬表示反对。他说，如果以色列动员了军队，而阿拉伯人没有进攻，那么工党在即将到来的选举中是极为不利的。埃拉扎尔再次强调，为了迅速发动进攻，必须全面动员部队。达扬仍不同意。两人相持不下，只好请梅厄决定。8 时，以色列再次召开内阁会议，会上埃拉扎尔与达扬意见相左，最后梅厄决定动员 10 万人，但不发动先发制人的打击。

10 月 6 日 14 时左右，泽拉召开新闻发布会，他正在向与会的记者们说：“不管过去我曾告诉过你们什么消息，反正战争现在已经迫在眉睫，说不定当天就会发生。”就在这时，一位军官走了进来，交给泽拉一张纸条。他看了一眼，严肃地说：“他们告诉我战争随时可能爆发。”几分钟后，又一张纸条送到他的手上，他二话没说就离开现场，几秒后匆匆宣布新闻发布会至此结束。

随即，刺耳的空袭警报声响了起来……

附录：六天战争与联合国第 242 号决议

1967 年 6 月 5 日，以色列对埃及、约旦和叙利亚发动了 6 天的闪电战，占领了包括西奈半岛、戈兰高地、约旦河西岸、加沙地带和耶路撒冷东区在内的 6.5 万平方千米阿拉伯土地，并将 100 万巴勒斯坦人赶出家园使其沦为难民，从而确立了以色列对阿拉伯国家的战略优势。

8 月 29 日至 21 日，第四届阿拉伯首脑会议在喀土穆召开，决议要求阿拉伯各国共同努力消除侵略痕迹，确保以色列撤出 6 月 5 日后占领的阿拉伯领土，并提出阿拉伯的基本义务和信念是：“不承认以色列，不同它和解，不同它举行谈判，要维护巴勒斯坦人民返回家园的权利。”

11 月 22 日，联合国安理会开会讨论解决阿以冲突的办法，通过了英国提出的一项决议案，主要内容：1. 以色列军队撤出在最近战争中占领的领土；2. 终止一切交战要求或交战状态，尊重和承认该地区每个国家的主权、领土完整和政治独立及其在牢固和被认可疆界内和平地生活而免遭武力的威胁或行为的权利。决议还确认了以下的必要性：1. 保证该地区国际水道的通航自由；2. 使难民问题得到公正的解决；3. 通过包括建立非军事区在内的各项措施，保障该地区每个国家的领土的不可侵犯性和政治独立。

思考题

1. 如何看待泽拉的“概念”——情报分析知觉中的思维定势？

2. 如何看待“狼来了”效应（虚假警告）问题？

3. 以色列情报分析失误的主要原因是什么？情报分析人员应汲取哪些经验教训，以提高情报分析的科学化水平？

严寒封杀布拉格之春

1967 年 10 月 30 日，捷共召开中央全会。

会上，以斯洛伐克共产党第一书记亚历山大·杜布切克为首的改革派指责诺沃提尼保守，经济改革不力，政治上压制民主，民族问题上压制斯洛伐克民族，对外关系上依赖苏联。改革派强烈要求摆脱苏联的控制，发展捷自己类型的社会主义。诺沃提尼作为捷克斯洛伐克共和国总统，是苏联共产党在捷的主要代理人，也是苏联模式（“斯大林模式”）的主要推行者。如果改变现有执政模式，必然会触犯他的利益，因此，压制改革成了他自然的政策选择。10 月全会上，改革派未能达成既定的目标。但此后要求诺沃提尼下台，为改革扫清道路的呼声越来越高。在这种情况下，诺沃提尼请苏共中央第一书记勃列日涅夫前来保驾。

12 月 8 日，在捷共中央全会召开前夕，勃列日涅夫飞抵布拉格，与捷共多方面人士进行接触。会见时，勃列日涅夫多次提到杜布切克的名字，问起他的情况。对于苏共中央是否支持诺沃提尼这个关键性的问题，勃列日涅夫一直避而不答。这让诺沃提尼十分紧张。

12 月 9 日晚上，捷共中央主席团举行宴会，招待勃列日涅夫。引人注目的是，作为斯洛伐克共产党的领导人，杜布切克依然不在座。当宴会进行到一半的时候，勃列日涅夫站起来说，他即将离开布拉格回国了，至于捷克斯洛伐克内部的权力斗争，他说，“同志们，这是你们捷克斯洛伐克的事情。苏共和苏联不干涉你们的内政。”

一句话决定了诺沃提尼的命运。

1968 年 1 月 5 日晚上 9 点，布拉格电台广播：解除诺沃提尼捷克斯洛伐克共产党第一书记的职务，由亚历山大・杜布切克继任。

布拉格之春拉开了帷幕。

捷共中央委员斯姆尔科夫斯基在《劳动报》发表文章：“我们必须坚决纠正、调整和克服过去对社会主义的歪曲，我们不能容许再度发生这种情况。关于问题应如何解决的不同观点必须按照党章规定，用民主的方式加以解决，而决不要用行政命令的方式解决。高级领导职务不应是终身的……在经济领域中，必须将经济改革坚决继续推行下去并作为一个整体加以发展……在社会领域，必须恢复民主，必须创造一种自由交换意见和互相争鸣的气氛，让最有价值的先进思想战胜保守落后的思想。”《劳动党》的文章像吹响的改革号角，在捷克斯洛伐克引起广泛共鸣。接着，3 月 28 日—4 月 5 日，捷共中央全会通过了党的《行动纲领》，强调纲领的制定是从捷克斯洛伐克的现状出发的，其目的是建立一个新的、十分民主的、符合捷克斯洛伐克现实的社会主义典型。

布拉格之春：喜忧参半

捷克斯洛伐克人是以喜悦的心情来迎接杜布切克倡导的改革的。但是，喜悦之余，一种对莫斯科是否会干预的担忧也萦绕在他们心头。捷作曲家什特利尔直接说："你们现在看到的不过是两个冬天之间的春天而已。"

杜布切克上任的第二天，克里姆林宫发来了电报。在电报中，勃列日涅夫对杜布切克的当选表示了"热烈的祝贺"，苏共中央"坚信"，苏捷两国人民之间"兄弟般的诚挚友谊将进一步巩固和发展"。1月29日，杜布切克应邀访问莫斯科。在那里，他会见了勃列日涅夫和最高苏维埃主席波德戈尔内。表面上，他去莫斯科是为了与苏联人讨论一些双方"共同关心的"问题；实际上，他是去接受莫斯科的"任职审查"。在莫斯科，杜布切克向苏联领导人保证，捷克斯洛伐克与华沙条约组织及经互会的关系不会因本国领导人的更迭而发生变化。会见后，双方发表的公报称：这次访问是"热烈友好、诚挚的，对会谈中涉及的问题取得了完全一致的意见"。

但是，随着捷克斯洛伐克改革的不断深入，苏联人越来越以狐疑的眼光看着布拉格之春。他们发现，捷共在"改革"道路上越走越远了，种种迹象还表明，布拉格之春的改革目标竟然是苏联模式的社会主义。

3月23日，杜布切克前往德国的德累斯顿，出席华沙条约国家领导人会议。塔斯社发表的公告说，这次会议的议题主要是听取布拉格汇报情况。会上，勃列日涅夫、哥穆尔卡和乌布利希、日夫科夫、卡达尔等人对杜布切克进行了围攻。他们逼问：捷克斯洛伐克共产党要把捷克斯洛伐克引向何方？杜布切克试图说服他们，说通过改革，捷克斯洛伐克将有可能变成西方世界眼中的“社会主义橱窗”，改革有助于巩固社会主义。哥穆尔卡粗暴地打断了他的话，说：“杜布切克同志，您究竟在说什么？我们对西方各国的社会主义革命不感兴趣！欧洲的形势至少要‘冻结’50年。我们感兴趣的只是保护我们已有的东西，即捍卫我们同资本主义世界之间的边界。因此，我们没有权利进行任何试验。我们在波兰已经看到，这样做会导致什么样的后果！”哥穆尔卡的举动让杜布切克感到非常震惊，这还是那个曾经说要走波兰自己的社会主义道路的哥穆尔卡吗？

显然，杜布切克与莫斯科出现了分歧。但会后发表的新闻公报中，莫斯科还是刻意掩饰了这种分歧。公报称，会议是在“真诚的友谊、平等、互相信任、互相支援和不干涉别国内政的基础上加强了社会主义国家间的关系”。塔斯社说，“与会者表示相信工人阶级和全体劳动人民将……保证该国社会主义建设的进一步发展。”

4月初，捷共中央全会召开。莫斯科对捷共的此次会议保持了整整一个星期的沉默。在4月9日—10日的苏共中央会议上，勃列日涅夫做了意识形态问题的报告，还特别谈到了捷克斯洛伐克的问题，但对刚刚结束的捷共中央全会未予评论。会后，官方发表的公报也只是强调了“德累斯顿会议的重大意义”，同时苏共还表示：“我们党将为社会主义大家庭在政治上、经济上和国防上的不断加强而做出一切必要的努力”。

4月12日，《真理报》终于开始报道一周前的捷共中央全会了。保守派的言论成了《真理报》报道的重点。同一天，《真理报》又用两个版的篇幅发表了一篇长文，论述保卫思想的纯洁性，警惕“修正主义”的危险。《真理报》还说：“捷克斯洛伐克的反社会主义分子企图搞多党派自由主义。”30 日，《真理报》再次发表长篇评论，对捷“反社会主义分子的活动表示不安”，指责破坏分子在进行自由化改革期间“反共的歇斯底里”大发作。

5 月 4 日，杜布切克访问莫斯科。会谈中，勃列日涅夫尖锐批评了捷克斯洛伐克国内局势的发展，但杜布切克拒绝了苏方的指责。双方不欢而散。

5 月 8 日，苏联、匈牙利、东德、保加利亚和波兰五国领导人在莫斯科举行会议，讨论捷克斯洛伐克的国内局势。杜布切克没有受到邀请。会谈中，苏联提出，要对捷克斯洛伐克进行经济制裁，必要时也要进行军事干涉。5 月 13 日，《真理报》就华沙条约签订 13 周年发表社论，说“社会主义的敌人正在从内部颠覆社会主义社会”，苏联和东欧 4 国领导人在莫斯科会晤是“采取一系列重要措施的继续和发展”。

6 月 4 日—14 日，国民议会主席斯姆尔科夫斯基访问莫斯科。会谈结束时，勃列日涅夫单独与斯姆尔科夫斯基谈话。据说，勃列日涅夫眼含热泪对斯姆尔科夫斯基说，苏联从来没有想过要阻止捷克斯洛伐克的民主化。但实际上，勃列日涅夫对斯姆尔科夫斯基表示，苏联对捷克斯洛伐克国内的局势十分担心，对捷共 1 月全会将杜布切克选举为第一书记表示不满。同时，勃列日涅夫话锋一转，开始赞扬斯姆尔科夫斯基 40 余年的革命经历，说苏共中央过去对他的经历不太了解，在德累斯顿会议上对他进行攻击是错误的，请他原谅。斯姆尔科夫斯基表示捷克斯洛伐克国内的局势是发展得很快，但是，杜布切克能够控制局势，他是一个真正的领袖。

对于莫斯科的频频动作，捷显然没有意识到它的严重性。杜布切克想，只要捷克斯洛伐克不偏离苏联的轨道，不站到华沙条约组织的对立面，莫斯科该不会对布拉格下毒手吧？毕竟，现在已经是 1968 年，而不是 1956 年了，而他杜布切克也不是伊姆雷·纳吉。纳吉公开要求退出华沙条约组织，可捷克斯洛伐克从来没有这种想法。尽管改革要求捷克斯洛伐克确立一种新的对外关系，包括捷苏关系，但是，捷苏同盟毕竟是捷克斯洛伐克最重要的对外关系。他相信，只要他对捷克斯洛伐克走得过远的舆论约束一下，不让 1956 年匈牙利的动乱局面重演，想来莫斯科不会对捷克斯洛伐克大动干戈。因此，当《文学报》发表了由 70 余名知识分子签名的《2000 字宣言》，并提到，如果外部势力对捷克斯洛伐克进行干涉，他们就支持政府，而且是“手拿武器支持它”。杜布切克立即与斯姆尔科夫斯基、切尔尼克和民族阵线主席克里格尔商议，必须平息克里姆林宫的怒火，不给它干预捷克斯洛伐克的借口。捷共中央主席团必须尽快发表声明，对《2000 字宣言》进行公开谴责。在随后发表的捷共中央主席团“1000 字声明”中，主席团声明，尽管《2000 字宣言》的签名者没有破坏的企图，不是反革命，但它试图唤起人们的狂热，这是对整个民主化进程的明显威胁。第二天，杜布切克再次谴责了《2000 字宣言》。

军事演习：威慑？欺骗？

莫斯科对捷克斯洛伐克的围攻不止于政治和舆论，在军事领域也开始动作了。

从法国《世界报》传出的消息称，4 月 25 日，苏军总政治部主任叶皮谢夫将军在苏共中央全会上称，只要捷克斯洛伐克政府提出请求，苏联军队随时可以采取行动。很多报刊转发了这条消息，布拉格电视台也做出了反应。

第二天，苏联新闻专员舒拉夫洛夫在苏联驻捷克斯洛伐克大使馆举行招待会。会上，他质问电视台台长伊日·贝利康："您怎么把这条消息给捅了出去？"贝利康说："这条消息已经到处传遍了。不过，您只要请莫斯科的同志们辟一下谣就好了。"可是舒拉夫洛夫却说："这是赤裸裸的挑衅，您在玩弄敌人的花招"，"我们从来没有打算对捷克斯洛伐克进行军事干涉。"贝利康立即说："我要马上把这件事转告大家。"舒拉夫洛夫却说："伊日·贝利康，请您不要插手，这不是您的事"，"您所应该做的事是表明您对使您获得解放的苏联的友谊，而不是去相信那些尽人皆知的反苏间谍，如《世界报》编辑所散布的话。"

4月底，布拉格接待了两位不速之客。他们中的一人是华沙条约组织的总司令，苏联元帅雅库鲍夫斯基。据说，他来到布拉格是为了会晤捷克斯洛伐克新的党政领导人。但是，人们注意到，这个月他已经两次来到布拉格了。第二位客人则是保加利亚的日夫科夫。据说，他之所以来到布拉格，是为了签署新的《保捷友好条约》。

5月4日，国防部长楚尔宣布，华约各国军队将在捷克斯洛伐克领土上进行一场联合军事演习。这证明了捷克斯洛伐克报纸的猜测：雅库鲍夫斯基来布拉格是为了组织一次军事演习。不过，楚尔含糊其辞地说，演习的规模还没有确定，可能是一种参谋演习，而不是那种大规模的军事演习。这种演习，只有参谋人员参加，至多加上为数不多的观察班和通信兵，只在特定的军事基地内进行。但是，这个消息无疑给捷克斯洛伐克人当头泼下一盆冷水。在这种敏感时刻，莫斯科要在捷克斯洛伐克举行军事演习，这不是给布拉格的党政领导施加压力吗？有一位捷克人就担心地说："放他们进来之后，谁知道他们还走不走？"有关演习的消息还在不断传来。来自波兰、东德的报道说，苏联军队正通过坦克开道，从波兰向捷克斯洛伐克快速推进。敏感的新闻记者开始考虑发生战争的可能性，一位驻布拉格的美国记者则奉命写一篇电讯，讨论捷克斯洛伐克是否有可能变成越南。

对此，杜布切克通过捷克斯洛伐克的官方电台向外界公布：捷克斯洛伐克政府事先曾得到关于华沙条约军队在波兰南部进行正常调动的消息。记者继称，捷克斯洛伐克政界人士认为，某些通讯社的报道，把这种部队调动说成是针对捷克斯洛伐克的，这是一种政治挑衅。

莫斯科未置可否，仍旧按部就班地执行着演习计划。楚尔于 5 月 24 日宣布华约军队将在捷克斯洛伐克和波兰境内进行演习，其目的是“检验华约部队的战斗准备状况”，但演习的规模和时间，连这位国防部长自己也说不清楚。他一会儿说，这只是一次参谋演习，参加者只有通信兵，一会儿说将有人数很少的部队参加演习，每一个师建制的部队将有几百人代表，但这种师级部队将有 10 个之多。这样，参加演习的人数将达到 3000 人之多。外交部长哈耶克的说法又是一套。他反复地说，演习将没有战斗部队参加。因此，没有人知道，这次演习的性质究竟如何。但不管捷克斯洛伐克人如何看待这次演习，苏军随后就开了进来，通信兵来了，警戒部队也来了。接踵而来的还有匈牙利、波兰和东德的军队。6 月初，苏联的装甲部队和空军部队也开进了捷境内。他们到底有多少人，捷克斯洛伐克情报部门也搞不清楚。

华沙条约组织的军队，已经占领了捷克斯洛伐克的各个战略要地，军用机场也落入他们的掌握之中。一部分苏联军官甚至带来了家眷，他们在附近征用了民房，过起了舒适的小日子。苏联军队还利用其无线电装置对捷克斯洛伐克的广播电台进行干扰。连捷克斯洛伐克人自己也不允许了解那些地区发生了什么事情。捷克斯洛伐克总理切尔尼克要与雅库鲍夫斯基通电话，但得到的答复竟然是，这只有通过莫斯科才能办到。

6 月 18 日，演习如期开始。7 月 1 日，布拉格电台宣布，华约的军事演习已经结束。3 日，雅库鲍夫斯基说，演习达到了它的预定目的，部分苏联军队开始撤出。但布拉格人不仅没有看到军队撤退的迹象，相反，一些有经验的人却看出，苏军建在捷的设施不是临时性的。难道苏军不准备撤离吗？果然，在演习结束 9 天后，《真理报》宣布说，由于对捷克斯洛伐克国内局势的担心，部队的撤离将推迟一段时间。

之后，华约部队又沿着捷克斯洛伐克边界举行了代号为“天盾”的反空袭防御演习。这一次，苏共中央主席团向杜布切克发出邀请，要求他参加在华沙举行的最高级会谈。但捷共中央主席团拒绝了。它答复说，捷共只参加双边会谈，也即由苏共和捷共面对面地进行谈判，而不参加苏联纠集的其他国家共产党的围攻，而且，苏军必须撤出捷克斯洛伐克。捷军总政治部主任普尔赫利克中将建议，彻底改组华沙条约组织，缔约国在组织内应享有平等的一票；华约是一个军事组织，不应为政治目的服务。但是，以苏联为代表的华约国家却明白地对普尔赫利克的说法进行了驳斥。

7 月 16 日，布拉格公布了华约组织的一封信，该信十分明确地表示，华约虽然是一个军事组织，却肯定是要在政治上起作用的。信中说：“我们深信，受到帝国主义支持的反动势力对你们党和捷克斯洛伐克社会主义共和国社会主义制度的基础的进攻，有使你们的国家脱离社会主义道路的危险，从而危害整个社会主义体系的利益……”该信接着说：“我们不能坐视敌对势力把你们的国家推离社会主义道路并且引起捷克斯洛伐克脱离社会主义大家庭的危险。这已经不是你们一国的事情了。这是我们参加华沙条约的所有国家的共同事务。”该信最后又说道：“捷克斯洛伐克只有作为一个社会主义国家和社会主义大家庭的一员才能保持自己的独立和主权……我们深信，对于捷克斯洛伐克社会主义基础的威胁正在危害着各社会主义国家的共同的切身利益，这样的局势已经出现了……我们每一个党都不仅对本国的工人阶级和人民负责，而且也对国际无产阶级和世界共产主义运动负责，这是不可推卸的责任。”

对此，布拉格进行了有节制的驳斥，不同意华沙国家将布拉格的改革运动称为反革命活动。捷克斯洛伐克的社会主义也没有遇到什么直接危险，不存在捷克斯洛伐克脱离社会主义大家庭的可能性。捷克斯洛伐克愿意同苏联和其他社会主义国家联盟，但是，这种联盟关系必须建立在平等互利、相互尊重的基础上。

莫斯科做出了回应，同意捷克斯洛伐克关于会谈的要求，在捷境内举行苏捷两党会谈。《真理报》说，捷共领导人虽然还没有意识到反革命的危险，但已经表现出愿意同其他社会主义国家改善关系的愿望，苏共中央同意了捷方的要求，并且说，这样一次会谈是有建设性意义的。同时，《真理报》又对“受到帝国主义反动派鼓励和支持的”捷克斯洛伐克“右翼反社会主义势力”进行了攻击。7 月 22 日，《真理报》宣布，苏军已经全部撤出捷克斯洛伐克，为会谈创造条件。但第二天，一名英国记者就在斯洛伐克中部的齐尔纳城以东地区发现了一支 2000 人的苏军部队，他们配备了装甲车、坦克和迫击炮。同一日，莫斯科又宣布，苏联将在与捷克斯洛伐克接壤的乌克兰地区和俄联邦西部、白俄罗斯和拉脱维亚地区，开始一场支援和供给部队的大规模演习，预定的演习将由巴格拉米扬元帅指挥，目的是为后方设施的组织为前线部队军需品的运输和武器装备的修理制定规程。为了这一次演习，苏联征召了部分后备役部队，并征用了部分民用交通工具。

政治会谈：最后努力？最后通牒？缓兵之计？

由于苏联已经“满足了”捷克斯洛伐克的要求，“撤出了”驻捷苏军，因此，苏捷会谈的时机已经成熟。7 月 28 日，莫斯科和布拉格同时宣布，苏共中央政治局和捷共中央主席团将于此日在蒂萨河畔的切尔纳举行会谈。

从苏联乌克兰开来的专车载来了苏共中央政治局的 9 名成员，另一列火车则从布拉迪斯拉发载来捷共中央主席团的 11 名成员，还有不是主席团成员，但与苏联关系较好的捷克斯洛伐克总统斯沃博达。苏捷双方党政机关的头面人物已经倾巢出动。此外，他们的背后还站着东德领导人乌布利希、波兰领导人哥穆尔卡、匈牙利领导人卡达尔、保加利亚领导人日夫科夫。可以说，他们代表了整个社会主义大家庭的所有成员。

会谈一开始，苏联领导人就对捷克斯洛伐克代表团进行了轮番轰炸。勃列日涅夫首先拿出重磅炸弹，指责捷克斯洛伐克背叛了国际社会主义事业，为帝国主义效劳。他的依据全部来自捷克斯洛伐克的各种各样的报纸。

平时，杜布切克是个极内向的人，在苏联人看来，也许他是个比较软弱的人。岂料，杜布切克竟然顶住了勃列日涅夫的狂轰滥炸。他坚定地告诉苏联人，改革的唯一目的是建立“具有人道面貌的社会主义”，而不是背叛社会主义事业。当天晚上 10 点多，第一天的会谈结束。

第二天，会谈再起。这一次，苏联人撕下了其温文尔雅的面具，对捷国民议会主席克里格尔破口大骂，说克里格尔是“一个肮脏的加里西亚犹太人”。杜布切克愤而抗议，谈判几乎破裂。后来，谈判虽然继续进行，但气氛非常紧张。原定的记者招待会和宴会都取消了，记者被挡在几百米之外，不得进行采访。

8 月 1 日，苏捷会谈结束。杜布切克做了较大让步。苏联提出了 5 点要求：不准克里格尔担任民族阵线中央主席，不让齐萨日任捷共中央书记，不允许社会民主党存在，取缔非常人士俱乐部和裴多菲俱乐部，恢复新闻检查。杜布切克都答应了。两党还确定，8 月 3 日在布拉迪斯拉发举行捷、苏、保、德和匈、波领导人会议。杜布切克对会谈结果表示满意，他说他把好消息带回来了，捷克斯洛伐克人民可以安心。

8 月 3 日，华沙条约组织 6 国领导人在布拉迪斯拉发举行了会谈，会后发表了一个宣言，宣言没有涉及捷克斯洛伐克的内政问题，只是保证在“平等、主权、民族独立和领土完整”的原则基础上进行相互合作，同时指出，“在互相帮助、互相支持的情况下，建设社会主义的多方面任务就比较容易在我们每一个国家中完成”；并且，“对各国人民付出英勇努力和忘我劳动所取得的成果加以支援和保护，是所有社会主义国家共同的国际主义义务，这是与会者一致的观点”。对这样的观点，杜布切克表示不同意，他建议给这句话加上一个附加语——同时要尊重各国的主权和民族独立，并建议把这一附加语同前句话用破折号连接起来，后面用句号圈住。但是，他的建议遭到了勃列日涅夫的拼命反对，他说：“在这种句子后面加破折号在俄语语法上是不通的！”最后，在乌布利希、哥穆尔卡和日夫科夫的支持下，勃列日涅夫如愿以偿。不过，经过杜布切克的努力，苏联同意在决议上加上了这么一段话：“各国党要创造性地解决今后社会主义发展的问题，并要考虑民族的特点和条件。”苏联的这一让步，让杜布切克感到欣慰。他对朋友说：“我们赢得了6个月的时间。”在捷内部，一种危机已经过去的氛围蔓延开来，很多人都出去度假了，如改革派的旗手副总理希克、外交部长哈耶克，都离开了工作岗位。

当然并不是所有人都像杜布切克这样判断。激进改革派想走得更快一点，他们对布拉迪斯拉发会议背后的情况更感兴趣，他们怀疑苏联的动机。对苏联动机持同样怀疑态度的还有罗马尼亚总统齐奥塞斯库和南斯拉夫总统铁托。因此，布拉迪斯拉发会谈后，铁托和齐奥塞斯库相继访问了布拉格。在会谈中，铁托表示了自己的忧虑：杜布切克在切尔纳会谈中一无所获，反而给勃列日涅夫留下了干涉的口实。因此，他建议杜布切克不要企图左右逢源，要么认真履行在切尔纳对苏联人许下的诺言，不管这种许诺是否存在，要么就干脆拒绝苏联人的一切要求，走自己的路。

期间，杜布切克还接待了来自东德的乌布利希。乌布利希要求杜布切克履行切尔纳协议，清除政府中的自由化分子，在与西德进行接洽之前，首先取得乌布利希的同意。杜布切克一口拒绝了。会谈后，乌布利希给勃列日涅夫写了一封信。信中，乌布利希汇报了铁托与杜布切克会谈的情况，说铁托劝杜布切克取消在切尔纳所做的保证，退出华沙条约组织，加入不结盟运动。他说，如果捷克斯洛伐克真的实行中立，如果它真的与南斯拉夫和罗马尼亚搅在一起，那么，它们将会撕碎社会主义阵营的心脏。最后一句话显然最具杀伤力。捷克斯洛伐克在苏联的防卫战略中确实占有十分重要的地位，如果这一环真的出了什么问题，整个华约防卫都要重新考虑。一位苏联高级军官说：“我们对于‘波希米亚钻石’还能不能保持常态——作为我们欧洲防务的一个基石——已经没有信心了。”哥穆尔卡也说，在布拉迪斯拉发没有采取措施是勃列日涅夫一个莫大的错误。苏联驻捷克斯洛伐克大使契尔年科也说，捷克斯洛伐克内部的英德拉－比拉克集团也要求坚决采取行动，只要莫斯科下决心，他们就能成立一个新政权，让莫斯科出兵名正言顺。

紧急约见：通告与执迷

布拉迪斯拉发会议后，形势飞速向前发展。莫斯科一方面在舆论上对捷共形成强大的压力；另一方面，军事上的准备工作也在快速进行。8 月 11 日，苏军又沿着东部、东南部和西部边界进行了演习。8 月 14 日，苏军驻东德部队进入紧急战备状态；16 日，苏联国防部长格列奇科元帅、华沙条约军队总司令雅库鲍夫斯基元帅和苏军总政治部主任叶皮谢夫飞抵柏林，视察华沙条约部队的北方方面军。第二天，他们又访问了华沙。8 月 15 日，匈牙利通讯社宣布，匈牙利和苏联的通信部队将在匈牙利境内举行联合演习。随后，波兰也宣布加入这场演习。但西方的观察家们发现，飞往华沙和布达佩斯的苏军高级军官，大半与通信演习没有关系。17 日晚上，一架苏联民航专机在布拉格的鲁津机场降落，一批克格勃高级专家抵达布拉格。他们此行的目标是与捷内务部副部长沙尔戈维奇接触。他是捷克斯洛伐克秘密警察的头子，对捷的国内动态当然一清二楚。8 月 18 日，《真理报》再次对布拉格发动了攻击，对捷克斯洛伐克的形势表示愤慨。而勃列日涅夫和柯西金则结束了在黑海的休假，提前返回莫斯科。苏共中央政治局的其他成员也在周末悄悄回到莫斯科，18 日，勃列日涅夫亲自与东欧各国党的领袖通话，通知他们，苏联已经决心进行军事干预。第二天，苏共中央在克里姆林宫召开紧急会议，苏联完成了对捷克斯洛伐克采取军事行动的最后一道法律手续。随后，勃列日涅夫给杜布切克写了一封措辞严厉的信件，谴责他背叛了切尔纳和布拉迪斯拉发会议的精神。与此同时还出现了一个有意思的插曲：苏联部长会议主席柯西金致电美国总统约翰逊，表示他非常乐意参加约翰逊总统竭力要求举行的最高级会谈，会谈将涉及裁军问题和越南问题；他建议，双方可以在21日发表一个联合声明。

与莫斯科的紧锣密鼓相比，捷的氛围要轻松很多。斯姆尔科夫斯基在切尔纳和布拉迪斯拉发会谈后曾经保证："今后再也不会有任何事情妨碍党代表大会的召开了。"8月份，伊日·贝利康也曾表示过自己的担心。他说："既然局势如此严重，那么我们怎么办？党的领导是否讨论过，一旦有人企图对捷克斯洛伐克进行军事干涉，或者万一华沙条约其他各国对我们施加压力，阻止第十四次党代表大会的召开，我们将采取什么办法？"总理切尔尼克和中央委员会书记兹德涅克·姆林纳日回答贝利康道："我们知道，我们与华沙条约其他盟国之间存在着种种问题，但是我们认为，这些问题是能够、而且必须通过谈判加以解决的。我们根本没有打算变成第二个南斯拉夫。"

8月17日，捷共中央主席团召开秘密会议，讨论14大之前捷克斯洛伐克的国内形势。但是，与会者发现，党的第一书记杜布切克没有在座。斯姆尔科夫斯基解释说："杜布切克接到匈牙利党的第一书记卡达尔同志的电话，他一定要同杜布切克谈一谈。他们今天在匈捷边境的科尔马诺会晤。杜布切克并没有离开捷克斯洛伐克国土。杜布切克同志认为，卡达尔同志的敦促是有十分严重的原因的。"他继续说道："这是一次私人会晤，丝毫不会改变我们召开第十四次党代表大会的决定。但是，我们召集你们来这里，为的是通知你们，紧张局面还始终存在。至于写些什么和说些什么，你们现在比以往更应该三思而行，因为‘有人’想借口一点点小事来阻止党的第十四次代表大会的召开。”而克里格尔说得更为明白：“我必须告诉你们，达摩克利斯之剑正悬挂在我们头上，我们必须留神，不要让它掉下来！”

卡达尔和杜布切克的会晤确实是一次私人性质的会晤，卡达尔此行是瞒着莫斯科的。作为匈牙利党的领导人，卡达尔是在 1956 年的事件后上台执政的。当时，匈牙利也发生了一场规模空前的改革运动，其性质、规模足以与捷克斯洛伐克现在的运动相媲美。只是，当时的匈牙利人竟然想退出华约，彻底摆脱苏联的控制，这当然是苏联所不能容忍的。苏军的坦克彻底碾碎了布达佩斯的暴乱，而卡达尔则随着苏军的坦克回国执政。在改革派眼中，卡达尔是一个不受欢迎的角色。其实，卡达尔也深知苏联模式的社会主义存在弊端，上台后的十几年，匈牙利在不断地进行修修补补的小手术式的改革，只是没有从根本上去触动旧体制。所以，卡达尔是以欣赏的态度来看待布拉格之春的。但是，他也吃惊地看到，事态发展太快，快得就像脱缰的野马。这就危险了！因此，他想提醒一下杜布切克。会谈时，卡达尔敦促杜布切克尽快履行切尔纳和布拉迪斯拉发会议时所许下的诺言，撤销克里格尔和齐萨日的领导职务，允许华约部队留在捷克斯洛伐克，以消除莫斯科采取军事干预的口实。他暗示杜布切克，如果不采取这些行动，苏联将会采取军事行动。两人在月台上告别时，卡达尔充满暗示地问：“难道你真的不知道，你的对手是什么样的人吗？”

和卡达尔告别后，杜布切克留在布拉迪斯拉发，与他的妻子和孩子待了一天，享受了一下天伦之乐。当他出现在布拉格时，人们发现，第一书记像往常一样，举止坦然，笑容满面。他甚至亲口告诉他的同志们，他对卡达尔急着与他会面的原因还没有搞清楚。

当然，并不是所有人都像杜布切克这样乐观。事发前两天，贝利康的助手报告：邮电部长卡雷尔·霍夫曼经常在办公室开会，而出席会议的都是内务部人员和一些党务人员，他们都是出名的保守派。霍夫曼与捷共中央内保守派的领导人英德拉、比拉克都有直接联系。贝利康把此事报告了杜布切克和斯姆尔科夫斯基，认为他们在搞什么阴谋；但是，杜布切克和斯姆尔科夫斯基都让他不要担心，说这是正常的工作联系。

8月20日下午，贝利康接到一个朋友的电话。朋友说："伊尔卡，你是外交事务委员会主席，我必须告诉你，外交部收到我国驻布达佩斯大使馆的一封电报。电报说，今天下午3点，有一个陌生人给使馆打电话说：'我是匈牙利人民军军官，正在公用电话亭里打电话，我不能说出名字，你们也不要问；但是，我要告诉你们，今天我接到命令，要在23点20分越过捷克斯洛伐克边界。'讲完后，这个人便立即挂断了电话。"

"外交部的人对此有何看法？"贝利康问。

"他们说，这一定是挑衅，有人想挑起事端。不管怎么说，我们已把这一情况报告了中央委员会，当时中央正在召开主席团会议。"

既然中央已经知道这一事情，贝利康心想，这就没有他的事了。中央委员会主席团确实在开会，但是，贝利康并不知道，这次会议的风向已经完全发生了改变。会议的议题是保守派提出的，他们说，鉴于极为紧迫的形势，第十四次党代表大会必须延期，同时必须对记者采取行政措施。此外，他们还摆出苏联代言人的姿态，要求撤换一批干部。保守派还提出了一个草案，草案说，社会主义大家庭中兄弟般的援助是绝对必要的……那天的会议一直开到了深夜。

11 点半，贝利康家里的电话响了。中央委员会新闻广播处处长杜桑·哈夫利切克说：“我通知你，苏联人已经越过了边界。”

“你要是喝醉了酒，想开个玩笑，那我也管不着。可我明天早晨 5 点钟还得起床呢，让我睡个安稳觉吧！”深夜被吵醒的贝利康发火了。

“这不是开玩笑。眼下主席团正在开会，乱极了。随你便罢，不过，我劝你立即去电视台或中央委员会。”

11 点 45 分，正在开会的切尔尼克总理告诉主席团：“我刚刚接到国防部长楚尔的电话，华沙条约五国的军队已经从各个方向越过了我国的边界。他们要占领我们的国家。”

会议中断了。杜布切克几乎要哭出声来。他说：“我以一个共产党员的名誉起誓，我做梦也没有想到，竟然会有人采取这么卑鄙的手段来反对我们。这是我一生中最大的悲剧。我一生都致力于苏捷友好，想不到竟遭到如此的对待！”此时，布拉格上空，已经隐隐约约地听到了飞机的轰鸣声……

思考题

1. 列出一份年表与时间轴线，载明在此次事件中与苏联入侵决策相关的重要政治和军事预警征候，并在此些征候中找出具有转折意义的关键（特殊）预警征候；同时，细致分析这些征候所表达的内在意涵。在此基础上，尝试推断苏联做出军事入侵决策的时间点。

2. 政治预警征候的特点和表现形式是什么？如何认识政治预警和军

事预警的关系？

3. 在军事预警征候中，哪类征候尤其具有指标意义？请结合案例说明。

4. 苏联在此次事件中是否采取了欺骗措施？尝试利用欺骗检查技巧来验证结论，并尝试判断什么时候该关注欺骗的问题。

5. 分析与总结捷克斯洛伐克预警失误的原因。

6. 结合该案例和工作实践，能否提出组织预警情报分析的新方法？请具体阐述如何实施。

伊朗向何处去?

1978年10月31日，一封来自德黑兰的电报引起了加里·希克的关注。电报中，美国驻伊朗大使威廉·沙利文报告，伊朗局势大乱，反对派得寸进尺，国王除进行军事管制外，别无良策。作为国家安全委员会负责伊朗事务的中层官员，希克对伊朗的局势和沙利文大使的告警并不陌生。这一年多来，关于伊朗的坏消息一个接一个，沙利文大使的分析电报更是雪片似地飞来；但是，希克和他的上司并不在乎，他们知道，掌握着伊朗军警宪特大权、有着“万王之王”之称的巴列维国王，一定会施展杀手，让伊朗的局势转危为安。

希克随手把沙利文的电报扔在一边，继续忙别的事情去了。但是，没过两天，沙利文告警的电报又来了。这一次，沙利文在电报中说，巴列维国王已经失去斗志，而美国还在逼他实行自由化。除非国王做出建设性的让步，同时又采取坚决的措施，否则，他就要完蛋。国王会采取断然措施吗？沙利文不知道，但是，国王在采取行动之前，一定会征求老朋友的意见。作为美国驻伊朗大使，他应该预有准备，免得到时候束手无策。由于时间紧迫，他要求在48小时之内得到指示。

一个驻外大使竟然向白宫下起最后通牒，真是不知天高地厚！希克心中油然升起一股厌恶。不过，沙利文接连发来两份电报，作为主管官员，希克也不敢掉以轻心。他必须尽快梳理相关情况，向国家安全事务助理布热津斯基报告，让国家安全委员会赶紧开会，就伊朗问题拿出一个章程。

源自库姆的政治风波

1978年1月7日，巴列维国王踱步在尼亚瓦兰宫中，被放逐的霍梅尼令他头痛万分，记录霍梅尼谩骂王权的音像制品正在库姆、大不里士、设拉子等地疯传，人们被逐渐煽动起来。他赌咒一定要采取手段反制这名“大胡子”宿敌。当日，国王召见了他的亲戚、伊朗新闻大臣大流士·胡马云，命令新闻大臣在伊朗《消息报》上刊登一篇诋毁霍梅尼的文章，说霍梅尼的生身母亲是舞女。谁知道这篇文章成了触发火药桶爆炸的星星之火，信徒们被彻底激怒。1月9日，在圣城库姆的清真寺，穆斯林大量聚集进行示威游行，抗议国王对阿亚图拉进行人身攻击。他们冲击军警，打砸公共设施。军警向示威群众开了枪，造成人员伤亡。但死亡没有使“暴民”退却，反而促成了更大的团结。宗教人士号召教徒们在全国各地起来反对镇压，示威群众喊出了“打倒国王”的口号，事态不断发酵。执政三十余年的巴列维国王第一次如此手足无措。也就在这个时候，国王召来美国大使沙利文，向美国老朋友问计，并希望得到美国的支持。

美国提供的装备到了，巴列维国王使出了杀招，军警向示威群众开枪。此后，冲突不断升级，逐渐演变成恶性循环。根据伊斯兰什叶派戒律，人死 40 天后要举行送殡仪式。示威者利用这种仪式再次抗议政府，政府再次出兵镇压，再次酿成流血事件，再次进行示威……如此循环往复，血越流越多，冲突越来越激烈，矛盾越来越尖锐。2 月 18 日，在大不里士，示威群众终于喊出了“打倒国王”的口号。

8 月，德黑兰街头，斋月的种种戒规使人们变得焦躁不安；伊朗高原夏季的酷热，对于局势来说更不啻火上浇油，抗争的情绪不仅在产业工人中迅速蔓延，武装部队中也出现了不满的表示，空军的技校毕业生中间就有人发表不满言论。

国王立即召见刚刚从美国休假返回任所的沙利文大使。此时，沙利文发现，一向自负的国王变得不再自信，他甚至怀疑国内的乱局背后有苏联、英国、美国情报机构的操纵。他用几乎哀求夹杂悲愤的口吻向沙利文诉苦。此次会见过后，沙利文电告卡特总统，建议尽快安抚巴列维国王的情绪，防止其心灵崩溃，尽快增强其信心。然而，当时的总统正一门心思在埃及和以色列之间充当和事佬，他身边的官员都跟着他处理即将在戴维营进行的埃以和谈，根本没有心思顾及伊朗。更何况，伊朗的局势并不像火烧眉毛，需要华盛顿的达官显贵立即腾出手来处理。

冲突变得愈发激烈。9 月 6 日，伊斯兰教斋月结束，依照传统，人们成群结队去清真寺做礼拜。反对者借此发力，至少十万人被组织起来，游行的队伍向德黑兰市中心挺进，他们呼喊着“处死国王”，反抗的力量已见滔天之势。国王连夜召集军事指挥官，宣布从

9 月 8 日开始实施戒严。戒严当日，在贾莱广场示威者与军队形成了对抗，双方快速升级为混战，硝烟散去，有超过 200 名示威者被打死。大屠杀后，到处有人被捕，反对派组织被粉碎，军队的铁拳似乎已经显示了威力。然而，在表面的平静下，是不平静的暗流。据说，先前对巴列维国王还抱有一线希望、主张在伊朗建立真正的君主立宪制的民族阵线以及温和的宗教势力，现在已经彻底倒向了霍梅尼的激进阵营。

首鼠两端的大使

伊朗发生的事情让沙利文大使心急如焚。他是一名资历丰富的老外交官，但他对伊朗了解甚少，对该国的政治生态只是粗通皮毛。在他工作的岗位中，距德黑兰最近的任职地方是印度的加尔各答。他从来没有到过伊斯兰国家，对伊斯兰的风俗习惯可以说是一无所知。然而，他却被任命为驻伊朗大使。国务卿万斯说，政府需要一个富有同专制政府及铁腕人物打交道的经历的外交官，至于说对那个地区是否熟悉，对那里的文化、习俗是否有专门知识，那是次要的，因此沙利文荣幸入选。他 1977 年 6 月到德黑兰就任，半年之后伊朗的局势便开始动荡。

沙利文非常勤奋，赴任后一直忙于熟悉情况。在他看来，桑贾比、巴扎尔甘等世俗反对派的力量比宗教势力的影响要大得多。他不太熟悉神奇的霍梅尼，不了解霍梅尼发起的这场宗教革命，以及其目标、性质。他真正关注的，是与国王关系密切的那些大阿亚图拉。他与大使馆的同事经常与那些在西方受过教育、仰慕西方文明的富家子弟保持接触，并从他们口中了解伊朗社会；对于伊朗的下层民众，大使先生则无暇顾及，也没有兴趣与他们接触。

冲突甫一发生，沙利文就急匆匆拨通了华盛顿的电话，这是 1 月 24 日的事情。电话中，沙利文说："库姆事件表明，1963 年以来有组织的穆斯林运动在反政府运动中处于最强有力的地位，各派系的反对力量正在不断整合。虽然穆斯林们还称不上团结，但是，巴列维国王在面对挑战时却显得犹豫不决。整个库姆事件使宗教反对派上升到一个更为明显的地位，如今看来，阿亚图拉和毛拉们对该事件的影响是深刻的，我们应该对未来预作准备。"

接电话的是国家安全事务助理布热金斯基。他回应道："他们工业化发展太快，乡下的农民还没适应城市现代化的生活，况且巴列维也动了教士们的奶酪，心存不满出现反复实属正常，我跟总统相信这位老朋友有能力处理好后续事件。"

一周后，沙利文再次向国务院发出一份长电。在这份电报中，他分析了伊朗国内反对派的情况，尤其是桑贾比的民族阵线和巴扎尔甘的国民阵线的情况，他把重点放在穆罕默德·塔利夸尼身上。与霍梅尼相比，塔利夸尼远非激进，更说不上极端。

1 月 30 日，伊朗社会上下人心浮躁，源源不断汇总过来的消息让沙利文警觉。午后，他再次拨通白宫的电话。这一次，接电话的是总统卡特。沙利文说道："现如今，已是显而易见，伊斯兰深深地植根于绝大多数伊朗人民的生活之中，各地清真寺布道时都用阿亚图拉·霍梅尼在沙漠城市纳杰夫的布道录音。同时，我们已经掌握了足够的证据，确信是伊斯兰运动在领导伊朗的革命，而其象征性的领袖就是阿亚图拉·霍梅尼；他的追随者将他的煽动性的讲话录在磁带上，让前来伊拉克朝圣的香客偷偷带回伊朗。伊斯兰组织既不像巴列维国王和布热津斯基认为的那样弱小，也不像他们所认为的那样无知。它远比其他组织更能抓住人民的感情，他们的思想不断为人们所熟知并且笃信。”

然而，沙利文的急切并未换来其想要的答案。卡特总统回应道："我们会继续跟国王搞好合作，继续支持他的，1963 年那次库姆事件里，巴列维不是什么事儿都没有吗？"

2 月 18 日，大不里士的示威群众喊出了“打倒国王”的口号，呼吁迎回被放逐的阿亚图拉·霍梅尼。他们在广场上制作了大幅标语，宣泄心中的愤怒，声势较之前的游行更加壮大。当日，沙利文与同僚们坐下来盘算日渐升温的局势。大使并不相信国王的观点，他们将关注的重点放在了伊斯兰上。在同卡特的电话中，他说道："教士的影响力现在已经清楚地显示出来，‘打倒国王’和让霍梅尼回到伊朗的呼声可以看作政治反对派和宗教信徒的反应……从长久看，大不里士的骚乱已经显示出，当局对这个省的控制已经受到宗教和社会势力的严重威胁，而这种势力长期以来是被德黑兰忽视的，现在他们已经尾大不掉，难以安抚。”

在沙利文看来，伊朗骚乱的根源深植于伊朗社会，因为国王不切实际的改革政策引起了经济的败坏，普罗大众心理严重失衡，积蓄的民意就像巨大的火药桶。要化解危局，就必须改善伊朗的经济形势，稳定人民。沙利文认为国王虽然遇到了严重的麻烦，但这并不至于影响君主制度本身。

然而，沙利文的同僚却不这么看。大使馆政治组认为，伊朗的问题非常严重，国王将不得不诉诸武力来恢复秩序，但能否成功没有把握。

政治组认为，美国在这场危机中应该保持中立，伊朗人已经认为美国插手了伊朗的危机。美国政府不管如何表态，都会被伊朗人认为是对国王的支持或反对。对政治组的意见，沙利文很不赞同。

一个大使馆出现两种不同的声音，让希克非常迷惑。大使馆是派驻在驻在国的耳目，他们负责观察当地的动向，可现在他们就同一个问题，发出了两种截然不同的声音。他们到的是同一个国家吗？

更荒唐的是，沙利文大使自己的判断也是前后不一。年初危机开始时，他断定国王遇到了严重的麻烦，在同卡特通话时他说："伊朗国内的斗争将是深入持久的，巴列维王朝面临的问题不会轻易迅速地得到解决，我们应该思考何时介入，如何介入的问题。"但当巴列维使用了武力，危机逐渐平息后，他却认为，国王能够应付这场危机，因此回国休假，且时间长达两个月。如果伊朗的局势真的很严重，大使怎么会回国休假？

开斋节事件后，沙利文再次向华盛顿汇报自己对伊朗局势的看法。这一次他的说法变了。他认为，"伊朗国内发生重大冲突，游行过程中伤亡惨重，事态需要重新评估。"言下之意是，国王的统治遇到了麻烦。然而，在 10 月 27 日的电报中，他又认为，"国王是既能约束军方，又能领导国家实行有控制的过渡的独一无二的人物……强烈反对向霍梅尼做任何试探"。11 月 2 日，他的观点再度发生根本性的转折，说国王的政权已经摇摇欲坠，除实行军事管制外，别无良策。这种一百八十度的大转变，让华盛顿怎么相信沙利文的话？

希克认为沙利文危言耸听，还有一个原因，就是他发送情报的方式，以及给电报规定的等级。美国情报界为情报规定了 5 个等级，分别为 Top Secret、Secret、Confidential、Limited Official Use、Unclassified。情报人员大都有权接触绝密件，而沙利文一般使用的密级是 Confidential。对一个国家安全委员会的中层官员来说，希克每天接触的都是 Top Secret，哪里会看什么 Confidential、Limited Official Use、Unclassified 呢？所以，一份等级为 Confidential 的情报不会得到优先处理，甚至不会引起注意，就被存档了。此外，华盛顿有一个惯例，即密码电报比航空邮件优先处理，可沙利文的情报往往是用航空邮件发回的。

外交官是国家派驻驻在国的坐探，他们当然有权发出预警。但在希克心中，由沙利文发这样的警告显然分量不足。外交官实际上是一个情报搜集者，而不是专业的分析家，真正的情报分析，是由专业情报分析人员进行的；而对局势的预警，应该是由中央情报局这样的专业机构发出，而不是由沙利文这样的非专业人士发出。然而，在伊朗问题上，以中央情报局为代表的美国情报机构，却没有发出任何警告。

危机发生前，美国情报界一直认为国王的地位是稳固的。1963 年发生过库姆事件，巴列维毫发无损。美国情报界有理由相信，如果再次发生危机，国王一定可以凭借他的铁腕手段渡过难关。1976 年 5 月国务院情报研究司的一份报告承认伊朗有出现社会动荡的可能性，但又认为国王能够继续领导伊朗许多年。1977 年 7 月，美国大使馆发回了一份题为《巴列维国王的宗教与知识分子反对派》的报告，一个月后，中央情报局在一份研究报告中援引了这份文件。两份文件都没有就伊朗未来的稳定情况做出任何悲观的预测。事实上，中央情报局的报告声称国王将是 20 世纪 80 年代伊朗国内政治生活的积极参与者，伊朗的前景是“改良”而非“革命”。

1978 年 8 月，中央情报局在一份分析报告中称，伊朗并未出现革命的形势，甚至没有出现革命的苗头。由 50 多人组成的中央情报局德黑兰情报站没有发回一份涉及伊朗问题的情报。中央情报局局长特纳认为伊朗从来就不是一个值得注意的目标。一个月之后，国防情报局的一份报告大胆预言，宗教反对派对伊朗政治的影响力正在消失，在今后10年内，巴列维国王仍将保持强有力的统治。这样的判断，成为美国情报界的共识。只有国务院人权委员会的斯蒂芬·柯亨以及政策设计办公室的西奥多·莫兰对此表示怀疑；他们认为，伊朗的形势要悲观得多，因此要求重新评价伊朗的局势。

1978年8月，国王在全国十多个城市实行军管，骚乱蔓延到德黑兰，国王出动军队镇压，造成死伤数百人的流血事件。大使馆在一份声明中表示，君主政权对伊朗十分重要，“我们认为巴列维国王是领导伊朗人民走向一个更为民主的政权的最合适人选”。流血事件后，情报界告知卡特总统，“国王的统治依然稳固”，国家安全事务助理布热津斯基建议总统发表一个强有力的声明，对巴列维表示支持。卡特照办了。与此同时，一份题为《巴列维国王以后的伊朗》的《国家情报评估》文件草稿正在美国情报界传播，文件断言伊朗政府有能力使用它所需要的足够的武力，以控制暴力活动，近来广泛发生的城市暴力活动失控的可能性相对较小。

现在，沙利文要求白宫在48小时内表态，就伊朗的局势拿出决断来，希克该怎么办呢？大使的判断正确吗？大厦真的将倾倒吗？

思考题

1. 根据沙利文和大使馆政治组的电报，你认为伊朗发生了哪些事情？
2. 根据当时情况，如果你是希克，如何判断伊朗的形势？

3. 美国情报界认为，掌握军警宪特的国王不可能被推翻，对此你有何评论？

4. 美国针对伊朗的情报工作是否存在失误？如果存在，这些失误体现在哪些方面？

海湾危机

1990 年 7 月 16 日，美国国防情报局负责中东和南亚事务的国家情报官员小沃尔特·帕特·兰走进办公室，顺手拿起了早上送来的卫星照片。刚瞥了一眼，他就发出一声惊呼。随后，他定下神来，仔细看了看照片，脸上的表情越发惊奇。他发现，在伊拉克南部、科威特北部地区，出现了伊拉克“汉漠拉比师”的一个旅，而昨天这里还是一片空旷的沙漠地带。

萨达姆想做什么？兰心里快速掠过这个问题。他是一位中东问题专家，曾数次到访伊拉克，对伊拉克的局势以及萨达姆本人都有着深刻的了解。他对伊拉克的军事情况已关注多时。早在 1986 年的两伊战争期间，兰就发现，伊拉克的军事力量有了质的飞跃，它已经不再是一个第三世界的军事强国了。伊拉克拥有的军事力量表明，它已经是世界第四军事大国，伊拉克军队的战法越来越成熟，娴熟的指挥水平足以使其发动一场规模宏大的战役。

“汉漠拉比师”是伊拉克最精锐的部队，它装备的坦克是苏联提供给伊拉克的最好的坦克，通常驻扎在伊拉克中部附近。照片还显示，伊拉克的铁路线正在装运各种各样的军事装备。

萨达姆真想动手了！兰心里掠过一个念头。

兰的判断得到美国情报界另一位同行的印证。就在兰做出初步分析的一天后，中央情报局的情报分析家也发现，伊拉克与科威特边境地区出现了异常情况。它首次向白宫发出警告：伊拉克可能向科威特动用武力。

同日，兰再次发现，整个“汉漠拉比师”，包括300辆坦克和1万多名士兵，已经全部部署在科威特边界；另一个师，也是属于共和国卫队精锐部队的“麦地那光明师”也出现在边界上。第三天，第三个师也开始向科威特方向移动。到7月19日，在距科威特10到30英里的边界内，萨达姆已部署了3.5万人的军队，所有的坦克呈现出作战阵式，炮口向外，形成了强大的防御状态。

在一个小国、盟国边界部署这么强大的军队，伊拉克到底想干什么？是想进行一场军事演习吗？伊拉克以前也曾进行过军事演习，在演习中也曾动用过汉漠拉比师这样的精锐部队；但是，那时并没有迹象表明萨达姆要在实战中使用它们，而且，这些部队也没有离边界这么近过。这一次伊拉克想干什么呢？兰百思不得其解。

战火中崛起的萨达姆

兰关注伊拉克的军事情况已经不是一天两天了。

从1989年冬季开始，中央情报局就注视着萨达姆·侯赛因的一举一动。它认为，萨达姆似乎想在哪个地方再挑起一场战火。是想支持黎巴嫩的奥恩将军挫败伊拉克的宿敌叙利亚人，还是想再次同伊朗交火？中央情报局对此并不清楚。一位情报人员指出：“两伊战争后，伊拉克国内面临着经济困难，但是，伊拉克却大量扩充武器装备。无论是来自外交部门还是来自情报部门的分析均表明，伊拉克可能会给中东带来新的麻烦。”一位情报分析家认为，萨达姆在与伊朗交火 8 年后，在重建趋于崩溃的国民经济时，会采取某种极端的军事冒险行动。国家安全局局长史蒂曼中将在很久以前，就提请白宫注意伊拉克可能的外侵对象。但是，不少人认为，这只不过是情报部门神经过敏。

各种迹象表明，伊拉克正在加快取得先进的、危险的新技术。1990 年 3 月份，英国海关逮捕了两名伊拉克人，截获了准备运往伊拉克的一船美国制造的高速电子电容器。同时，卫星照片也显示伊拉克已建造可向特拉维夫、大马士革或利雅得发射导弹的发射器。4 月中旬，英国又截获船运的 8 个钢筒，这些钢筒足以制造一种特大口径的超级大炮。中央情报局下属的国家情报搜集中心加班加点，增送有关伊拉克军事项目的情报。中央情报局还监听到伊拉克的新型导弹试验，其中有一次是从毛里塔尼亚试验场发射的。

到 1990 年 5、6 月份，美国情报界已把大量的技术侦察力量用于伊拉克；7 月，中央情报局的卫星网络将更多的侦察设备部署在伊科边界上，数量超出了过去对任何单一目标的投入。中央情报局下设的成像实验室日夜加班加工情报。分析家们越来越肯定，萨达姆并不是为了炫耀武力。

日益升级的石油战

兰一直关注伊科形势的发展。两国之间的紧张关系让他相信，萨达姆这次不是说说而已，他可能真的要向自己的盟友下手了。

科威特本是伊拉克的盟国。在两伊战争期间，科威特这个小国成了伊拉克的坚强后盾。战争消耗了伊拉克大量的财富，使其经济严重受损，财政收不抵支，外债累累，总数高达 800 亿美元，其中有 100 亿美元是科威特的。1988 年 8 月 8 日，伊朗出乎意料地主动同它的对手伊拉克妥协，打了 8 年的两伊战争终于停火。两伊战争停火的第二天，科威特违反欧佩克内部签订的协议，决定增加石油产量，特别是增加鲁迈拉油田的开采量。这个油田位于伊科边境，是个有争议的地区。长期以来，伊拉克一直要求科威特把这个地区“归还”伊拉克，但是每次都遭到科威特的严词拒绝。在萨达姆看来，科威特的上述决定是一种挑衅和背叛，它使得国际石油市场上的石油过剩问题更为突出。巴格达 90% 的财政收入依靠石油，而科威特的这项措施使之降到每年只有 70 亿美元，这笔钱不够用来支付伊拉克的债务，科威特此举对伊拉克来说无疑是灭顶之灾。除鲁迈拉油田外，伊拉克还想得到科威特的布比延岛和沃尔拜岛，哪怕是租借也行，但又遭到了科威特的拒绝。

科威特的“顽固”让萨达姆颇为气恼。在他看来，是伊拉克挡住了伊朗的革命输出，两伊战争是保卫阿拉伯民族的“圣战”，伊拉克是“保卫阿拉伯兄弟免受波斯威胁的真正盾牌”，那些富有者，如科威特、沙特和阿联酋，应该“帮助我们还清全部债务”。在 1990 年 2 月的阿拉伯国家首脑会议上，萨达姆曾私下里告诉埃及总统穆巴拉克和约旦国王侯赛因，伊拉克的经济已面临困境，他不仅需要海湾国家无限期地延长他的300亿美元债务，而且急需得到另外300亿美元，以渡过经济难关。他威胁说：如果海湾国家不给他，“我知道怎样拿到它。”随后，伊拉克还在伊科边境举行了军事演习。在5月份举行的阿拉伯国家首脑会议上，他又旧事重提，指责海湾国家超限额生产石油，从而引起世界石油市场价格下跌。他说，石油价格每下降1美元，伊拉克的国库每年就少收入10亿美元；因此，海湾国家如果继续违反石油生产限额，就等于是向伊拉克宣战，一场通过经济手段发动的战争。他说：“如果可能的话，我们将忍受下去，但是，……我们已经不能再忍受任何压力了。”1990年6、7月间，萨达姆曾派特使到科威特、沙特等国活动，要它们向伊拉克提供300亿美元的现款，但遭到了拒绝。

1990年5月30日，伊拉克外长阿齐兹不点名地激烈批评石油输出国组织内造成石油过剩的国家，科威特也在被批评之列，从而正式拉开了海湾油价战的序幕。7月17日，萨达姆在伊拉克“七月革命”22周年的庆祝会上，严厉指责海湾国家“不负责任”的石油政策，并将此同帝国主义和犹太复国主义反对伊拉克的阴谋联系起来；说帝国主义和犹太复国主义使用了一些新方法来反对伊拉克，而有些阿拉伯人则充当了工具，用有毒的匕首从背后刺了伊拉克一刀。萨达姆威胁说，如果用语言不能保卫伊拉克，那么就必须采取某种必要的措施，使事态恢复正常，把被剥夺的权力物归原主。当天晚上，伊拉克官方通讯社重发了萨达姆1990年5月在巴格达举行的阿拉伯首脑会议上的一篇讲话，在讲话中，萨达姆提到，经济原因可能引起战争。

巴格达重新播发萨达姆讲话究竟用意何在呢？

18日清晨，巴格达公布了两天前伊拉克副总理兼外长阿齐兹致阿拉伯联盟秘书长的一封信，点名指责科威特和阿联酋参与帝国主义和犹太复国主义分子的阴谋，破坏石油市场的供求关系，从而导致油价猛跌；指责科威特自 1980 年开始偷采伊拉克南部鲁迈拉油田的油层，偷盗伊拉克的石油，“蚕食”了伊拉克的领土，要求科威特赔偿 24 亿美元，作为它偷油的损失费；并称科威特这一行为是“军事入侵伊拉克”，谴责科威特利用两伊战争悄悄地执行一项“有步骤、有计划地向伊拉克领土伸展的计划”。同日，他又谴责科威特和阿联酋等海湾国家，说“我们的国家不会屈服，我们的妇女不愿沦为娼妓，我们的子女不愿被剥夺食物”。伦敦《经济学家》评论说，阿齐兹的讲话听起来很像是入侵的托辞。7 月 21 日，《巴格达观察家报》发表题为《反对伊拉克的石油战争》的评论，说科威特的石油政策动机只有一个：发动一场反对伊拉克的政治战、经济战。评论用威胁的口吻称，油价问题对伊拉克来说生死攸关，那些想用廉价石油来危害伊拉克的国家，必定会为此付出高昂的代价。23 日，《巴格达观察家报》发表题为《是的，愤怒突然发作》的评论，点名攻击科威特副首相兼外交大臣谢赫・萨巴赫・贾比尔是准备执行美国反伊计划的“科威特罪犯”。24 日，巴格达又拒绝科威特建立一个阿拉伯国家委员会来调解伊科边界争端的建议，再次指责科威特赞同某些西方国家的反伊计划和阴谋，使局势变得火药味十足。阿拉伯国家纷纷在两国之间进行斡旋，以求危机的和平解决。沙特国王法赫德・阿齐兹打电话给萨达姆，希望他能够克制。23 日，约旦国王侯赛因同埃及总统穆巴拉克在亚历山大举行会谈，讨论海湾地区的事态发展。而后，伊拉克外长阿齐兹参加了这次会谈。阿拉伯马格里布国家联盟委托阿尔及利亚总统沙德利・本・杰迪德在双方之间进行斡旋。沙特阿拉伯北部和东部边境的军队进入戒备状态。24 日，穆巴拉克分别访问科、伊两国，建议在开罗举行阿拉伯国家外长会议。同日，石油输出国组织在日内瓦举行紧急会议，同意石油生产限额。26日，石油输出国组织就有关降低石油产量和减少石油出口问题达成协议，科威特和阿联酋都表示，保证遵守协议。7月31日，伊拉克和科威特在沙特的吉达举行谈判，同时，伊拉克在伊科边境集结了10万军队……

不详的军事征候

兰将他的发现报告了上司、国防情报局局长索伊斯特，他觉得，几万大军出现在伊科边境，这不是一件小事情，应该让上级知道。但是，兰仍然不能肯定萨达姆是否会进攻科威特。他只是说，伊拉克出现了一些军事异动。他知道自己说话的分量，因此，不愿意把话说得过满，以免造成不必要的麻烦。

参谋长联席会议主席鲍威尔看到了这份情报，被伊拉克的军事动向搞得心烦意乱，但并不显得惊慌。参联会作战部长托马斯·凯利中将也认为，萨达姆此举也许仅仅是要向科威特施加压力，迫使科满足他的要求。也许伊拉克想夺取科威特在海湾中的两个小岛或者几个油田，毕竟萨达姆太想得到那两个小岛和鲁迈拉油田了；过去，伊拉克和科威特的纠纷实际上都是围绕着上述两个问题展开的。鲍威尔联想到月初出访中东时，几个阿拉伯国家的首脑都向他表示，中东近期发生武装冲突的可能性不大，当时他也深有同感。可是，不知怎么搞的，他总有点心神不定，觉得有什么事情正在酝酿之中。于是，他又打电话给负责中东南亚事务的美国中央司令部司令施瓦茨科普夫，向他通报了这份情报，并询问他的意见。施瓦茨科普夫也是一个中东问题专家，对中东的局势十分了解，十几岁时就随同在伊朗任职的父亲在中东待了几年。他认为，萨达姆最有可能采取的行动就是向科威特发动一场惩罚性的但目标有限的进攻。鲍威尔稍微安心了一点，但他还是要施瓦茨科普夫起草一、两个计划，万一萨达姆干了什么蠢事，比如占领了储油量占世界总量百分之十的科威特，美军能干些什么。不过，他们都不认为危机即将发生。即使到7月21日，中央情报局局长威廉·韦伯斯特也不认为危机迫在眉睫，而认为伊拉克只是炫耀武力，以推动油价上涨，达到它的要求。

7月27日，兰终于感觉到眼前的迷雾似乎在逐渐散开。

当天深夜，间谍卫星KH-11拍摄了一张伊拉克军队正在调动的照片。照片显示，伊拉克的卡车正在向科威特北部边界附近的军队运送弹药、燃料和水。面对这一过长的后勤“尾巴”，威廉·韦伯斯特和鲍威尔都认为，这是他们所看到的最有说服力的证据——伊拉克可能入侵科威特，而且迫在眉睫。

7月28日，一批中央情报局官员来到白宫，向总统简要汇报了情况。这些人中有中央情报局局长韦伯斯特，近东问题首席专家、行动部主任斯托尔兹和两位卫星成像分析家。他们带来了高度机密的材料，其中包括各种情报资料及中央情报局的分析结果；KH–11卫星提供的照片也装在了信封里，这些是韦伯斯特提供给总统的主要证据。韦伯斯特认为，从卫星照片上可以看出大批为伊拉克部队提供后勤保障的卡车，如果萨达姆仅仅想恫吓一下科威特，这么大规模的后勤行动是不必要的。

伊拉克大军压境，究竟是逼迫科威特就范的一种讹诈手段，还是真的要入侵科威特的预警征候呢？

兰感觉到局势一触即发。

然而，总统却一再强调：中情局没有掌握有关萨达姆意图的情报，没有偷听到伊拉克高层会议的任何令人信服的证据，没有间谍打入到伊拉克的统治核心中。总统还认为，一个阿拉伯国家不会进攻同为兄弟的另一个阿拉伯国家。他曾同许多中东官员讨论过那里的局势，这些官员都认为，萨达姆不过是要逼科威特让步。24 日，从伊拉克调解回来的穆巴拉克还说，萨达姆不打算进攻科威特。萨达姆已经同意与科威特在第三国进行直接谈判，以和平方式解决争端，而不诉诸武力。25 日，与萨达姆会见的驻伊大使格拉斯皮也再次确认了这一点。格拉斯皮称，萨达姆让科威特人放心，谈判之前伊拉克不会采取任何措施。27 日，侯赛因国王告诉布什总统，事态不可能超出理智的范围。

兰知道这其实不是萨达姆第一次做出保证。萨达姆曾多次向阿拉伯国家表示，他不会发动侵略战争。两伊战争后，萨达姆主动向多个阿拉伯邻国伸出橄榄枝。伊拉克曾与巴林等国签订了一系列“互不侵犯条约”。1990 年新年伊始，萨达姆还在建军 69 周年大会上宣布，伊拉克“准备并且渴望向伊朗打开一扇新的高尚的和平之门”。4 月初，沙特驻美大使班达尔曾向布什总统转达了萨达姆的承诺，说他“从未打算进攻以色列”，只不过很担心以色列会向伊拉克发动先发制人的打击。7 月底，在经济吃紧的情况下，萨达姆还曾向穆巴拉克表示，伊拉克愿意向埃及提供一笔巨款。

这一系列的和平姿态，都不得不令人相信，伊拉克是真的不想再次掀起一场战争。

难道真如美国国务院所说，萨达姆一直以来的举动都不过是讹诈吗？兰又陷入了沉思。

究竟是应该相信照片上看到的情况，还是更应该相信总统的高级情报源？一道难题摆在兰的面前。

讹诈还是入侵？

7 月 30 日，卫星照片显示了伊科边境的最新动态。兰确信，伊拉克已具备横扫整个科威特和沙特阿拉伯东部的能力。

他迅速接通了连接索伊斯特的绝密电子通道。在那台与局长办公桌上的电脑相连的 386 电脑上，他写道：“我一直在注视着伊拉克向科威特边境增兵的模式。炮兵、后勤部队在调动，空军也在调动。萨达姆完全没有理由这样做。我不认为萨达姆在讹诈科威特。我看过他的私人传略，他不懂得如何讹诈。这不符合他的一贯做法。”

他进一步指出，萨达姆的军队调动和他手头的任务不相称，如果他要讹诈科威特，不出动这么多部队也可以达到目的。现在他调动这么多部队，答案只有一个：他准备使用它们。而且，如果萨达姆要威胁科威特，他必须让科威特知道这一点，可由于科威特没有军事卫星，科威特并不知道伊拉克军事集结的规模。因此，萨达姆想讹诈科威特的想法根本说不通。

一般来说，由于情况瞬息万变，任何情况都可能发生，分析人员不会把话说死，以免自己难堪。但是，兰这一次觉得自己有充分的把握。为了引起上司的重视，他决定豁出去了。科威特对萨达姆无可奈何，但是，如果美国及早发出警告，萨达姆也不会肆无忌惮地任意妄为。而决策者要下决心，必须有充分的情报依据。兰觉得，他此举可以帮助布什总统定下决心。

索伊斯特并不同意兰的看法，但还是把他的报告呈给国防部长切尼和参联会主席鲍威尔，并希望他们对此问题有所关注。但是两人都认为兰的看法不成熟。

8 月 1 日，韦伯斯特再次向总统国家安全事务顾问布伦特·斯考克罗夫特呈递了另一批情报和最新的卫星照片。照片显示，伊拉克的三个装甲师已经摆开作战阵势，距科威特边界只有三英里，80 多架直升机严阵以待。伊拉克人的通信、大炮、弹药和后勤力量已经各就各位。萨达姆已具备越境出击的能力，此时的证据可以充分证明萨达姆将发动一场战争。韦伯斯特说，入侵将在 24 小时内发生。中央情报局的情报分析家查尔斯·艾伦认为，入侵的目标可能是全面占领科威特。

当天下午，布什和白宫官员一起就中情局提交的最新情报进行讨论，鲍威尔认为虽然无法忽视这些最新情报；但是，由于伊拉克是一个极权主义政体，萨达姆的行动说变就变，根本无法预测。美国在伊拉克上层没有一个可靠的情报来源，因而不能确定萨达姆的真实意图。切尼和施瓦茨科普夫也有同感。特别是切尼，他对于情报机构发出的警报没有什么好感。在他看来，过去中央情报局和国防情报局的警告几乎天天不断，但没几个得到过验证。另外，穆巴拉克、法赫德和侯赛因都认为萨达姆不会入侵科威特。他们都是萨达姆的密友，对萨达姆应该很了解，他们的判断应该是有分量的。

萨达姆到底想干什么？

思考题

1. 如果你处于兰的位置，如何判断萨达姆的意图？

2. 在这个案例中，美国情报界是否存在操作失误或其他问题？

3. 布什总统为何不相信伊拉克会入侵科威特？你是否认同布什给出的理由？

4. 在预警情报工作中，你如何看待敌人后勤征候的重要性？

5. 从这个案例中可以看出决策者和情报人员之间应该建立何种关系？如何解决情报政治化的问题？

新珍珠港事件

哈立德·谢赫·穆罕默德在科威特长大，16 岁时就已加入穆斯林兄弟会。1983 年高中毕业后，哈立德赴美求学，大学毕业后投身阿富汗战争，1992 年参加波黑内战。他对美国袒护以色列的外交政策极为不满。

哈立德·谢赫·穆罕默德参与策划 1993 年的世贸中心爆炸。1994 年，他陪同世界贸易中心案的主犯优素福到达菲律宾，开始策划代号为"Bojinka"阴谋的马尼拉空中阴谋，计划 2 天内在太平洋上空引爆 12 架美国商用喷气式客机。1995 年 2 月 7 日优素福被捕，哈立德·谢赫·穆罕默德继续在世界各地的"圣战组织"间穿梭。他访问过苏丹、也门、马来西亚，1995 年到达巴西。在巴西，他见到了阿提夫，结识了本·拉登，并向本·拉登提供了一系列恐怖行动计划，提议实施由经过训练的飞行员驾机撞毁美国境内建筑物的行动。

哈立德·谢赫·穆罕默德认为，以美国经济作为袭击目标，可以有效地影响美国的政策。鉴于纽约是美国的经济首都，该市也就成为主要的攻击目标。基于同样的原因，加利福尼亚也成为哈立德·谢赫·穆罕默德恐怖袭击的目标。

早期对世贸中心的爆炸使他认识到炸弹及炸药可能会构成难题，他需要以一种全新的方式实施攻击。在制定马尼拉空中方案时，他和优素福就已开始考虑以飞机作为武器，并详细讨论了撞击世贸中心及中央情报局总部的问题。他们计划劫持10架飞机，其中9架将撞向世界贸易中心、中央情报局总部、联邦调查局总部、核电站、加利福尼亚最高的建筑及华盛顿州。哈立德·谢赫·穆罕默德自己将驾驶第10架飞机降落在美国机场，再杀死机上所有男性成年乘客，然后发表演讲，谴责美国对以色列、菲律宾以及阿拉伯的专制政府的支持。

恐怖袭击的另一位主谋是汉巴利。汉巴利出生于印度尼西亚，曾在阿富汗与苏联军队作战。在阿富汗度过18个月后，他最终返回马来西亚。1998年之前，汉巴利负责伊斯兰祈祷团在马来西亚、新加坡一带的活动。他与哈立德·谢赫·穆罕默德建立了密切的工作关系，并利用本·拉登在阿富汗的设施来训练伊斯兰祈祷团招募的人员。

此前，劫持飞机并释放人质是恐怖分子的经典战法，所以，不以释放被监禁的同伙为目的的劫机不在拉登的考虑之列，而且，“基地”组织没有可以降落飞机然后进行谈判的友好国家。这就使劫机不可能成“基地”组织的考虑目标。他们认为，在高空炸毁商用飞机是一种制造大规模伤亡的有效手段。所以，本·拉登只是听取了哈立德·谢赫·穆罕默德的计划，并未作任何评论。他认为这一提议缺乏现实可能性。

然而，阿提夫的研究表明，传统的劫机行动不以造成大规模的伤亡为目的，因此已不再符合“基地”组织的需要。而哈立德的计划无疑为

“基地”组织打开了一扇大门。在阿提夫的劝说下，本·拉登在1998年底或1999年初的某个时间为哈立德·谢赫·穆罕默德的“9·11”行动计划开了绿灯。

哈立德·谢赫·穆罕默德开始筹划恐怖袭击。他派“基地”组织的成员伊萨·艾尔·波瑞塔利到马来西亚的吉隆坡，学习东南亚的“圣战”经验。2001年初，根据本·拉登的指令，哈立德·谢赫·穆罕默德把波瑞塔利派遣到美国，观测纽约市内的经济目标及犹太人目标。另外，哈立德·谢赫·穆罕默德向本·拉登提议招募沙特阿拉伯的空军飞行员劫持沙特阿拉伯喷气式战斗机，并攻击以色列的城市埃拉特。他也曾向阿提夫提议袭击泰国、新加坡、印度尼西亚、马尔代夫，但这些提议均未付诸实施。

1999年3月或4月，本·拉登将哈立德·谢赫·穆罕默德召到坎大哈，告诉他“基地”组织将支持他的方案。他们（加上阿提夫）确定了最初的袭击目标名单，其中包括白宫、国会大厦、五角大楼和世贸中心。在目标初选过程中，没有其他人参与。

本·拉登很快挑选了4个人作为自杀性袭击人员，他们是哈立德·艾尔·米赫德哈、纳瓦夫·艾尔·哈兹米、哈莱德及阿布·巴拉·艾尔·也门尼。后两者是也门人，几乎不可能得到美国签证。为解决这一问题，哈立德·谢赫·穆罕默德决定把“撞机行动”分为两部分。第一部分是将劫持的飞机按照原计划撞向美国目标，在此，米赫德哈和哈兹米将发挥关键作用。“撞机行动”的第二部分则包含了使用自杀式袭击人员将被劫持的飞机炸毁的想法，这实际上是哈立德·谢赫·穆罕默德的马尼拉空中计划的改版。行动人员将劫持太平洋航线上飞越东亚的美国商用飞机，并在空中对飞机实施破坏（可能通过使用鞋底炸弹来完成），而不是让其撞击目标。这一行动将由也门籍行动人员完成，他们无须经过飞行训练，只要使飞机坠毁即可。为了扩大袭击的心理影响，所有在美国或东亚劫持的飞机将大约在同时被坠毁或引爆。

训练

1999 年秋，本・拉登挑选的 4 名行动人员被选中去参加“基地”组织在阿富汗麦司・阿伊奈克营地的精英训练课程。该训练营地位于喀布尔附近一个废弃的铜矿。训练营提供全方位的训练，包括由“基地”组织高级成员塞耶夫・艾尔・阿德尔教授的先进的突击队员课程。麦司・阿伊奈克营地的训练极为严格，训练课程主要有体能训练、武器使用、近距离作战、摩托车射击、夜间行动。尽管所教课程与其他营地近似，但麦司・阿伊奈克的课程对参加人员的体能、智力提出了额外的要求。

完成在麦司・阿伊奈克的训练后，哈兹米、哈莱德和阿布・巴拉前往巴基斯坦的卡拉奇，由哈立德・谢赫・穆罕默德教他们西方文化及旅行知识。训练持续了一至两周。哈立德・谢赫・穆罕默德教 3 个行动人员基础英语，向他们演示如何读电话簿、读懂航班时刻表、使用因特网、在交流中使用暗语、在旅行中预订住处和租赁房屋。训练还包括利用飞行模拟软件开展游戏、观看有关劫机的电影，以及阅读航班时刻表以确认同一时间世界上不同地区的哪一航班正在飞行。他们使用飞行软件以熟悉飞机的型号、功能，并特别强调在机舱安全方面的漏洞。哈立德・谢赫・穆罕默德告诉他们注意飞机起飞、着陆时的舱门，机长在飞行中是否去过卫生间，乘务员是否把食物送到驾驶舱。哈立德・谢赫·穆罕默德、哈莱德和哈兹米还去旅行社了解东南亚国家的签证要求。完成训练后，他们前往吉隆坡。美国情报机构在该次旅行中认出了米赫德哈，但没能找出哈兹米。

2000年春，本·拉登取消了“撞机行动”的东亚部分。与此同时，受命执行“撞机行动”的另一组“基地”组织人员刚抵达阿富汗。“基地”组织的领导层又招募了4名青年，即穆罕默德·阿塔、拉姆兹·宾勒斯伯、马万·艾尔·谢西和吉亚德·亚拉赫。在德国汉堡，他们形成了一个紧密的学生组织。他们在德国生活多年，英语流利，熟悉西方的生活。他们都是“9·11”阴谋的主角。

2000年1月初，阿里·阿布杜尔·阿齐兹·阿里订购了波音747–400飞行模拟软件、波音767驾驶舱录像带及乘务员手册。2000年3月，阿塔向美国31个飞行学校发出电子邮件，表示希望在美国学习飞行，并询问了训练费用、可能的花费及住宿情况。谢西、阿塔和亚拉赫分别于2000年1月18日、5月18日、5月25日获得了赴美签证。宾勒斯伯的签证申请被拒绝，他将在美国以外为同伙提供帮助。

2000年夏天和初秋，本·拉登和在阿富汗的“基地”组织高级领导人开始挑选暴力劫机者，其任务是突袭飞行员座舱并控制乘客。这13名暴力劫机者中有12名来自沙特阿拉伯。“基地”组织认为电子通信不安全，因此主要依靠信使传递信息。在协助“基地”组织行动人员旅行方面，哈立德·谢赫·穆罕默德和阿布·苏贝达起了关键作用。另外，“基地”组织还拥有一个安全委员会领导下的护照及东道国事务办公室。该办公室位于坎大哈机场，由阿提夫负责。安全委员会伪造各种证件，包括护照、签证、身份证。暴力劫机者在沙特阿拉伯获得美国签证后，于2000年底至2001年初返回阿富汗接受特殊训练，包括如何劫机、解除空乘人员武装和处理爆炸物。

本·拉登本来希望在2001年5月12日实施行动，但由于劫机小组没有做好准备，行动不得不予以推迟。7月底8月初，“基地”组织营地发布了一个一般警报，“基地”组织成员疏散了他们的家属，提高了警戒程度。本·拉登也消失了大约30天，直到警报取消。袭击行动的细节被严密封锁，但在发出警报之时，消息开始蔓延：针对美国的袭击即将发动。到2001年夏季，哈立德·谢赫·穆罕默德正在策划某种针对美国的行动的消息已经众所周知，许多人甚至知道他正准备派遣人手前往美国，这使得有些人断言“基地”组织近期将对美国本土发动袭击。

不仅如此，本·拉登在夏季的几次谈话暗示了他即将发动袭击。他例行公事般地告诉来宾，他预期很快就会针对美国利益发动重大袭击。在法鲁克营地发表演讲时，本·拉登激励新兵们为20名“烈士”的袭击成功而祈祷。

以美利坚航空公司第77次航班为目标的劫机者，从新泽西前往马里兰的劳拉尔。袭击前的最后一晚，他们住在弗吉尼亚赫恩登机场附近的一家旅馆。

以美利坚航空公司第93次航班为目标的劫机者从纽瓦克启程，于9月7日从佛罗里达的据点聚集到这个城市。阿塔则于9月7日从罗德岱堡飞往巴尔的摩，去和在劳拉尔的第77次航班这一组会面。9月9日，他从巴尔的摩飞往波士顿。谢西已经抵达那里。次日，阿塔在另一家旅馆和奥马瑞会面。9月11日早晨最初几个小时，他们搭乘一个通勤航班前往波士顿，以便赶上美利坚航空公司的第11次航班。谢西和他这一组瞄准的是从洛根机场起飞的美国联合航空第175次航班。他们的最后几个小时是在两家波士顿旅馆度过的。

迷茫

冷战结束后，美国情报界失去了方向。谁是美国的下一个目标？美国情报界把工作重点转向经济安全、防毒品走私、大规模杀伤性武器扩散、人口走私和有组织犯罪方面。1997 年，克林顿总统任命乔治·特尼特为中央情报局局长，反恐成为特尼特最先考虑的问题。但特尼特评估，2004 年中央情报局隐蔽行动机构的实际反恐能力距离它承担的角色所要求的能力起码有 5 年时间的差距。1999 年以前，中央情报局反恐中心的首席分析家一直不重视一些有关化学、生物或核袭击危险的灾难性威胁警示。中央情报局坚持认为，其他工作更加重要。

联邦调查局负责追踪美国国内的恐怖组织动向，但大量精力消耗在追踪俄罗斯间谍（罗伯特·汉森案件）和所谓的“中国间谍”（李文和案件）上面。它的主要实力体现在 56 个实地办公室，但这些办公室关注的重点是毒品走私、有组织犯罪，以及其他罪案的逮捕和起诉等。各个办公室主任几乎没有时间监视可能已经渗透进美国的极端分子。在一些城市，专门负责追踪“基地”组织的联合反恐部队都认为，在自己的辖区不存在“基地”组织。

1998 年，联邦调查局签署了一个 5 年战略计划，首次将国家安全和经济安全，包括反恐怖主义，确定为它的首要工作。1999 年，联邦调查局设立了独立的反恐部和独立的情报部，戴尔·沃森（Dale Watson）成为反恐部负责人。沃森认为，在东非爆炸后，联邦调查局的机构必须进行调整，必须采取更强有力的措施，以强化情报搜集、分析和分发。戴尔·沃森在2000年出台了一个称作MAXCAP05的计划，确立了联邦调查局2005年之前的反恐目标。实地办公室的执行人员告诉沃森，他们没有分析员、语言学家或者受过专业训练的专家来执行该政策。沃森要求建立一支经验丰富、受过训练的情报搜集和情报分析队伍。2001年9月，沃森向局长罗伯特·米勒提交了一份报告，认为联邦调查局的实地办公室没有发挥“最大能力”。该报告说，为阻止恐怖主义，联邦调查局的工作重心必须进行重大转变，从强调反应能力转变为强调情报能力；不仅要为联邦调查局的反恐活动提供领导和行动支持，也要提供明确的战略分析和指导。2001年联邦调查局的反恐支出与1998年相比并没有发生变化。2000年，从事禁毒工作的人数仍两倍于从事反恐工作的人数。2001年，布什政府为联邦调查局2002年财政年度的初步预算方案追加了8%的资金，这是自1997年财政年度以来，联邦调查局在反恐项目上获得的最大的追加比例。2001年5月9日，司法部长参加国会举行的听证会，陈述联邦在打击恐怖主义方面所做的工作。他说：“一个国家，最基本的职责是保护其公民……不受恐怖主义袭击。”不过，第二天签发的预算指导意见仍然将枪支犯罪、毒品交易和人权保护放在优先考虑的位置。报告没有提到反恐问题。司法部准备了一个2003年财政年度预算草案，其反恐资金水平与上一年度持平。皮卡德要求对反恐加强投入，但司法部长于9月10日驳回了其申请。

路易斯·J. 弗里担任局长后，认为恐怖主义是美国的主要安全威胁。他在致国会报告中写道：“只解决这种类型的犯罪是不够的，在恐怖行为发生前挫败它同等重要。”他设立了反恐部，以协助中央情报局反恐中心工作，安排高级反恐官员与中央情报局反恐中心进行交流，要求联邦调查局驻外人员同中央情报局的驻外站进行更多的联系。但是，弗里并没有把联邦调查局的工作重点转移到反恐上来，也没有把他的观点强加给实地办公室。正如沃森指出的："联邦调查局就像一艘航空母舰，她从一个方向转向另一个方向需要花费很长的一段时间。这些官员多年来都有他们自己的工作方法和自己的活动地盘。"

根据美国相关法律，国会对情报机构的运转负有监督责任。中央情报主任特尼特表示："我们从威胁到威胁再到威胁……却没有一个适当的体制来指示，'你得退回去做这件事，做那件事'。"但是，"9・11"事件之前几年，国会未能就"9・11"事件前几个月内出现的威胁采取行动。负责航空监督的委员会把主要精力放在机场的交通拥挤和航班的经济卫生上，而没有放在飞行安全上。负责监督移民归化局的委员会的精力集中在西南边界上，而不在恐怖主义上。负责监督联邦调查局的委员会将精力完全限定在信息技术发展所需要的拨款上，部分是因为对联邦调查局处理这些项目的能力的关心。所有的委员会都发现他们陷进了预算程序的琐事，很少有时间来考虑长期的问题。

从 1995 年开始，巴尔干半岛的事务成为美国关注的重点。1995 年，美国卷入了波黑内战，后来在北约名义下向波斯尼亚派驻维和部队。当波黑战争结束后，美国又把目标对准了南斯拉夫的科索沃，开始考虑对塞尔维亚发动军事行动。1999 年 3 月，美国以北约的名义对塞尔维亚发动了大规模的轰炸。自 1996 年以来，美国还同时在对萨达姆政权采取行动。1998 年 12 月，克林顿政府发起了"沙漠之狐"行动，对伊拉克进行了大规模空袭。本・拉登、"基地"组织甚至恐怖主义都不是 2000 年总统大选的重要话题。没有一家民意调查机构认为"恐怖主义"这个主题已经被民众充分考虑，保证可以把它作为一次全国性的大型民意调查的议题。

与克林顿政府相比，布什政府对“基地”组织的威胁估计更是不足。在2000年的大选中，布什与副总统候选人切尼提到了伊拉克和《反弹道导弹条约》，但没有提到恐怖主义。到布什执政时，推翻萨达姆政权成了布什政府的首要目标。2001年春天，布什政府优先考虑的议题是《反弹道导弹条约》《京都议定书》和伊拉克，没有时间来考虑恐怖主义。国防部没有完全致力于反“基地”组织的任务。科恩和拉姆斯菲尔德两任部长的注意力主要集中在其他挑战上。

布什内阁的主要成员对后冷战时代的安全问题不熟悉。国家安全顾问赖斯和她的副手根据他们在国家安全委员会工作时的冷战思维行事。赖斯认为应该降低反恐全国协调人这个位置的级别，协调人不再是主要阁员委员会的成员，反恐安全小组的报告也不用呈部长，只需要提供给副部长委员会就行了。2001年4月，讨论恐怖主义政策的副部长委员召开了第一次会议，而本该立即召开的主要阁员委员会会议则延迟至2001年9月4日才召开。国防部副部长保罗·沃尔福维茨认为美国的主要威胁来自伊拉克，并认为国家安全委员会反恐协调员克拉克高估了本·拉登及“基地”组织。

克拉克曾起草了一份“德伦达（delenda）政治军事计划”，其目标是“立即消除任何来自本·拉登恐怖组织对美国人民的威胁”。文件还呼吁通过外交手段让各国拒绝庇护本·拉登，呼吁采取秘密行动破坏恐怖分子的恐怖预谋，抓捕本·拉登及其助手，截断本·拉登的财源，为后续的军事行动做好准备，等等。但部长们从未正式采纳这份文件，而“小组会议”的成员对这份文件也没有多少印象。

克拉克气恼地说：“你们想只使拍苍蝇那么大的一点点力气来预防‘基地’组织的每个具体袭击，通过利用情报侦察它们、通过友好政府的警力和情报官员来阻止它们，你们就等着大袭击吧，大量的人员伤亡过后，美国才会采取主要的报复行动。”2001 年 9 月 4 日，克拉克致信赖斯，批评了美国过去和现在的反恐工作。他写道：部长们面临的“真正问题”是我们是否在很严肃地处理“基地”组织的威胁问题……“基地”组织是不是一个重要问题？……决策者们应该想象一下这样的情形：未来有一天，反恐安全小组没能成功地阻止“基地”组织的袭击，成千上万的美国人在许多国家包括在美国本土被袭击身亡。那时，这些决策者们会希望他们早一点应做些什么呢？而这一天可能在任何时候发生。

理查德·克拉克在 9 月 4 日的信中列举了美国政府中对待恐怖主义的两种意见。其中一种意见认为，恐怖网络是个每隔 18 个月至 24 个月就会杀害约 20 位美国人的让人厌烦的东西。如果这种看法属实，那么目前的政策就可能是适宜的。另一种观点则将“基地”组织视为“伊斯兰激进分子的矛头”。但是没有人将争论公开化，没有呼吁进行一次全国评估或者对存在的威胁进行更广泛的讨论。这个问题在“9·11”事件之前从未引起美国政府的集体辩论，也没有引起国会的集体讨论。

警告

从 1993 年开始，本·拉登的名字越来越多地出现在中央情报局的各种情报文件中。中央情报局认为，拉登只是一个拥有巨大财富的激进分子，一个资助恐怖组织的慈善家，而不是一个恐怖组织的负责人。中央情报局一位高级官员这样描述“基地”组织，说这个机构没有什么大的猫腻，主要是为那些在阿富汗作战的阿拉伯人服务。

1994 年，一架私人飞机坠毁在白宫南面草坪上。1995 年初，拉姆齐·优素福的同伙阿布杜尔·哈克姆·莫拉德告诉菲律宾当局，他和优素福曾讨论过驾机撞毁中央情报局总部的问题。

1995 年 7 月，中央情报局发布了一份《国家情报评估》，预测未来会有针对美国的恐怖袭击，并且是在美国国内。它警告说，这种危险在接下来的几年内会有增加的趋势。它还特别明确列举了那些容易遭到恐怖袭击的地方，如白宫、国会大厦，资本主义的象征如华尔街，关键性的设施如电力运输网，人们聚集的地区如运动场和民航。它警告说，1993 年世贸中心大厦爆炸案只是企图杀死多人，而不是实现任何传统性的政治目的。评估认为，将来最大的威胁来自于那些缺乏“强有力组织的松散联盟”的“个人短期组合”，他们活动“在传统圈子之外但是形成了世界性的训练设施和庇护的网络”。这是一份依据当时所知的情报，对初现端倪的危险所做的精彩总结。但许多人以为，恐怖分子劫持飞机的目的是为了同政府讨价还价以释放人质。

1996 年，美国环球航空公司第 800 次航班坠毁，克林顿总统组建了一个以副总统艾尔·戈尔为首的委员会来研究美国航空安全中的疏漏。戈尔委员会搜集了政府内外的专家意见，但没有提及自毁式劫机或者使用飞机作为武器。它把焦点主要集中到在飞机上放置炸弹造成的危险——即“马尼拉航空爆炸阴谋”所采用的手段。戈尔委员会的调查引起了人们对航空乘客及其携带物的不严格的安检予以关注。

1997 年，美国情报界对这份评估进行了修订，认为 1995 年描述的恐怖威胁仍会持续存在。在《评估》的关键论点总结中，提及本·拉登的仅有一句话：“伊朗及其代理人，为恐怖分子提供资金的奥萨马·本·拉登和他的追随者们加紧了对美国海外设施的威胁和监视，这也许是在美国可能遭受另外袭击的预兆。”报告没有提及“基地”组织。

1998年8月，美国情报部门收到一群利比亚人意图驾机撞毁世贸中心大厦的消息。消息说，一个阿尔及利亚团体在1994年劫持了一架客机，极可能想在巴黎上空将客机炸毁，也有可能要撞毁埃菲尔铁塔。这些消息都没能得到证实，但它们确实提出了一个严峻的问题：既然“基地”组织和其他组织可以使用运载工具进行自杀式袭击，那么，他们进而运用其他交通工具，比如船只（美国海军“科尔”号驱逐舰爆炸案）或者飞机就非常自然了。然而，这样的可能性极少被人考虑。1998年12月4日，为克林顿总统准备的《总统每日简报》将注意力再次引到更传统的人质扣留问题上。它认为本·拉登参与筹划了一次劫机行动，其目的是要挟美国政府，释放诸如拉赫曼教长等重要囚犯。威胁报告还提到使用装满爆炸物的飞机的可能性，认为恐怖分子很可能操纵一架满载爆炸物的飞机飞向美国某个城市。中央情报局没有就“基地”组织可能的攻击方式进行过研究，中央情报局反恐中心也就没有为这种袭击方法设立一套预警信号。

克拉克从汤姆·克莱西的小说里得到启发，认为恐怖分子有可能使用飞机发动恐怖袭击。从1996年亚特兰大奥运会时起，他就对用飞机发动袭击的危险抱有忧虑。他曾试图利用财政部掌握的资产实施一项防空计划。美国特勤局研究过华盛顿地区的航空威胁问题。1998年，他组织了一场演习，重点在于查找解决方案的不足之处。这次演习的文件设想一群恐怖分子强占了一架停在亚特兰大地面的“列尔”号喷气式飞机，然后满载炸药，朝华盛顿特区的目标飞去。克拉克询问来自五角大楼、联邦航空管理局和美国特勤局的官员们，面对这种局势，他们会采取什么措施？五角大楼声称，他们能够让飞机从兰利空军基地紧急起飞应战，但可能需要征得总统同意，现在不存在这样做的机制。对于演习提出的问题，没有明确的解决方案。美国国土防御机构从来没有考虑过美国本土会成为恐怖袭击的目标，北美防空司令部只是偶尔考虑到被劫持的飞机撞向美国目标物所造成的威胁，而这些飞机也只是从国外飞来的。美国联邦航空管理局没有采取措施，扩充禁飞名单，在国内部署联邦航空警力，加固驾驶舱门，让空中机组人员对新型劫机保持警惕，调整联邦航空管理局或北美防空司令部对控制人员和管理人员的培训内容。

1999 年末，埃及航空公司第 990 次航班（一架波音 767）坠毁，原因可能是飞行员精神失常，紧握控制器将飞机驶向了大海。克拉克举行了一次反恐安全小组会议，主要研讨“基地”组织可能发动的劫机事件。克拉克认为，有关自毁式劫机的可能性警报只是众多理论中的一种，它难以认定，因为“关于‘基地’组织威胁和其他恐怖分子威胁的”警报的数量“有上万条甚至几十万条”。

从 1998 年到 2001 年，中央情报局为政府高级官员准备了大量的情报简报，内容涉及本·拉登的政治哲学、本·拉登对全球恐怖网络的控制、对 1999 年 12 月在约旦被捕的恐怖分子所提供的信息的分析、“基地”组织的运作方式和伊斯兰极端运动的目标演化等。如 1998 年 6 月分发的“本·拉登威胁说要袭击美国飞机（用防空导弹）”，1999 年 1 月分发的“塔利班和本·拉登的关系浮出水面”，1999 年 6 月分发的“恐怖分子对美国在高加索的利益造成威胁”，1999 年 12 月分发的“本·拉登将利用假日期间较松散的防卫”，2001 年 2 月分发的“本·拉登对生物武器和放射性武器的兴趣”，2001 年 8 月分发的“本·拉登决定在美国发动攻击”等。但这些情报实际上只是泛泛谈及本·拉登对美国的威胁，并没有涉及“基地”组织发起袭击的时间、地点和进攻方式。这与中央情报局的渗透失败有关。直到 1999 年，中央情报局特工才打入了“基地”组织，但没有一个进入很高的级别。在“基地”组织中安插人力情报资源十分困难。

1999 年 11 月 30 日，约旦情报部门截获了阿布·祖巴耶达赫和巴勒斯坦极端主义分子哈德尔·阿布·霍沙尔之间的通话。电话中，阿布·祖巴耶达赫说“训练时间已经结束”。约旦警方怀疑这是阿布·祖巴耶达赫开始其恐怖行动的信号，逮捕了阿布·霍沙尔及其他 15 个人，并通报了美国。在安曼的搜查活动中，警方缴获 71 桶硫酸、硝酸，几本伪造的沙特阿拉伯护照，一些雷管和迪克的《圣战百科全书》。6 个同案犯被判处死刑。在狱中，希贾茨的弟弟讲出了该组织的训语是“时机已到，尸体将堆积成山”。

1999 年底，美国国家安全局通过分析与在中东的一个恐怖分子嫌疑犯有关的电话，发现一个“行动核心小组”的几个成员计划于 2000 年 1 月初前往吉隆坡。起初国家安全局只知道其中 3 个人名字的第一个词分别为纳瓦夫（Nawaf）、塞勒姆（Salem）和哈立德（Khalid）。国家安全局的分析员准确地推测出塞勒姆是纳瓦夫的弟弟。他们认为：哈立德和纳瓦夫可能是一次“袭击行动的骨干分子”的一部分，可能有“罪恶的事件即将发生”。但是，国家安全局只是一个情报搜集机构，主要为中央情报局这样的情报分析用户服务，满足其提出的情报需求。如果其他机构没有向其提出情报需求，它通常不会采取主动行动。因此，这三个人的情况，就“烂”在了国家安全局的数据库中。无独有偶，2000 年，两名劫机者曾经同加州圣迭哥联邦调查局实地办公室一名资深线人同住一座房子，有过许多接触，时间长达半年之久。中央情报局掌握了这两个人同“基地”组织有联系，但它却没有把这个情况通报联邦调查局，也没有将这两个人的名字列入“恐怖分子监视名单”，以便阻止他们进入美国。

中央情报局警告说，约旦警方粉碎的恐怖阴谋很可能就是恐怖组织将在新千年实施的系列袭击计划的一部分，其中在某些袭击中可能使用化学武器。12 月 8 日晚上，部长级会议决定由克拉克的反恐安全小组制订计划，阻止和粉碎“基地”的阴谋。

1999 年 12 月 4 日，克拉克给伯杰写信说 :“如果（中央情报主任）特尼特报告的在新千年到来时本 · 拉登计划实施系列袭击属实，我们现在就需要做出某些决定。”他建议向阿富汗的塔利班组织发出警告 : 如果本 · 拉登攻击任何地方的美国目标，塔利班就将受到报复。克拉克还向伯杰进一步建议，在 1999 年的最后一周采取行动打击阿富汗境内的“基地”组织，但该建议未被采纳。12 月中旬，克林顿总统签署了一个通告备忘录，授权中央情报局委托外国组织逮捕本 · 拉登组织成员，而不必将其移交到美国拘禁。特尼特随后向中央情报局驻外站发布消息说 :“威胁确实严重了……要采取任何措施粉碎本 · 拉登的计划……美国人指望我们在此期间采取每一种适当的措施来保护他们。”国务院向其驻外使馆发布了全球威胁警告建议。

2000 年 10 月 12 日，“基地”组织成员用一艘装满炸药的小船袭击了美国海军“科尔”号驱逐舰，将军舰的舱面炸开了一个大洞，导致 17 个船员死亡，并使至少 40 人受伤。伯杰严厉地批评中央情报主任特尼特，反复要求知道为什么美国必须忍受这类袭击，致使后者当场离席。

由联邦调查局、海军犯罪侦查处和中央情报局组成的调查组立即被派往也门调查这次袭击事件。12 月 21 日，中央情报局向部长小组会议报告结果。中央情报局运用幻灯片表明了他们的“初步结论”，表示有强有力的间接证据证明袭击的主要实施者与“基地”组织有联系，“基地”组织“支持了对‘科尔’号的袭击”。中央情报局列举了主要嫌疑犯，其中包括纳希里。该情报来源于袭击前一天“基地”组织成员召开的一次会议。但是，中央情报局对“谁在外面操纵”这个关键性问题没有做出肯定的回答。也门方面声称哈立德从阿富汗或者巴基斯坦帮助指挥了这次行动，而他很可能只是本·拉登的中间人，但还没有看到也门方面的证据。不过，中央情报局根据两个线人提供的情报，知道哈立德与“基地”组织有联系。这些汇报得出了这样的结论：尽管一些关于“基地”组织角色的报告有价值，但它们太不明确。

克林顿总统和伯杰认为，这不是他们所需要的结论，它不能成为发动战争或者向塔利班发送战争威胁最后通牒的凭据。他认为，不能仅仅根据一个“初步判断”就入侵一个国家，否则，总统就应当对战争承担责任。其他顾问对此持有相同看法。国务卿奥尔布赖特的顾问当时警告说，在考虑任何回应措施尤其是军事行动前，必须有证据证明本·拉登与“科尔”号事件有联系，因为这类行动可能激怒伊斯兰世界，导致对塔利班的支持上升。国防部长科恩表示，如果仅仅根据对“基地”组织负有责任的推测就冒杀害平民百姓的危险，这显然是不明智的。参谋长联席会议主席谢尔顿将军说，谁应当承担责任，袭击目标是什么，还是尚未解决的突出问题。

克拉克和他的同事们，如国务院的希恩和联邦调查局的沃森，对当时没有任何军事反应都很失望。希恩非常恼火，曾夸张地责问国防部官员：“难道要‘基地’组织袭击白宫后才能引起他们的注意吗？”

2000 年 12 月 14 日，阿尔及利亚“圣战者”阿哈迈德·雷萨姆（Ahmed Ressam）因携带炸药进入美国而被捕。2001 年 5 月，雷萨姆开始与警方合作，供称其计划袭击洛杉矶。联邦调查局要求进行窃听的电话数量空前增加。12 月 22 日，联邦调查局局长路易斯·弗里召集小组负责人会议，向来自国家安全委员会、中央情报局和司法部的官员详细介绍了在美国国内进行电话窃听和调查的情况，其中包括以下情报：一个位于布鲁克林的组织与被捕的雷萨姆有染；根据不可靠外国情报，美国 7 个城市可能遭受恐怖袭击，这 7 个美国城市加强了警戒；两个阿尔及利亚人在加拿大边境被捕，加拿大警方搜查了蒙特利尔一个与“圣战者组织”有关的恐怖组织，司法部同一天发布了警戒声明。克拉克的工作人员警告说：“外国恐怖分子已经在美国安营扎寨，袭击可能在美国发生。”克拉克要求伯杰确保国内机构保持警惕。他写道：“民用飞机是否受到威胁？”克拉克在 12 月底还要求部长们讨论外国情报部门提交的关于本·拉登将用炸弹袭击跨大西洋航班的报告。

中央情报局和国家安全委员会开始考虑制定一个反恐议程表，提交给新一届政府。反恐中心拿出了一份“蓝天”备忘录，提出了如下建议：通过情报分享与增加资金，大力支持北方联盟，以便能够打败塔利班军队并钳制“基地”组织武装人员；对乌兹别克斯坦提供更多的支持，使其提高打击恐怖主义以及协助美国打击恐怖主义的能力；对反塔利班团体与个人提供帮助，鼓励他们抵抗塔利班。中央情报局表示，要改变现状，需要一种综合性的战略。由于克林顿政府任期即将结束，对这样的意见没有采取任何行动。

布什和他的主要顾问都收到了有关恐怖主义的报告。2000 年 9 月初，中央情报局副局长麦克劳林带着一个小组来到布什位于得克萨斯州的克劳福德牧场，就敏感信息做了长达 4 个小时的汇报。中央情报局反恐中心副主任本·邦克花了 1 个小时专门汇报恐怖主义问题。为了强调恐怖分子获得化学武器、生物武器、放射性物质或者核武器的危险，邦克带了一个模拟提箱，模拟了1995年奥姆真理教用沙林神经毒气攻击东京地铁的方法。邦克说，在接下来的4年里，将会有许多美国人死于恐怖活动。大选期间，中央情报局在克劳福德专门设立了一个办公室，将情报传给布什和他的主要顾问。在过渡期间，特尼特带着负责行动的副局长帕维特向当选总统做了汇报。布什问特尼特，中央情报局能否杀死本·拉登。特尼特回答说，杀死本·拉登可能会有些效果，但不会终结威胁。特尼特还说，中央情报局拥有它需要的所有权力。

12月，布什与克林顿进行了2个小时的会面，逐个讨论了国家安全与对外政策上所面临的挑战。克林顿告诉布什："我认为你首先应该知道你最大的威胁来自本·拉登和'基地'组织。"克林顿还说："我任期内最大的遗憾之一是没有将他（本·拉登）逮住交给你，因为我曾试图那样做过。"布什对调查委员会说，他确信克林顿总统提到过恐怖主义问题，但不记得有关"基地"组织的谈话。

2001年1月初，克拉克就恐怖主义问题向赖斯、当选副总统切尼、哈德利、新任命的国务卿鲍威尔等做了汇报。他将"基地"组织描述成一个具有全球网络的"圣战者组织"和一个致命的恐怖主义核心组织，它在超过40多个国家，包括美国，都安插了恐怖分子。当天，伯杰会见了赖斯。他告诉赖斯，与处理其他问题相比，布什政府应当花更多的时间来处理恐怖主义问题，尤其是"基地"组织问题，但他们谈话的主要内容是脆弱的中东和平进程和朝鲜问题。克拉克说，由于8年在野，新班子必须直接面对，学习如何了解"基地"组织及新的跨国恐怖主义威胁。

在布什总统就职后的头几天里，克拉克去找赖斯，试图让她和新总统将反恐问题放在十分优先考虑的位置，并使他在上届政府最后几个月期间所制定的议程表得到执行。赖斯要求所有高级官员认真考虑政策重点的审查和初步行动计划。克拉克于 2001 年 1 月 25 日提交了一个精心准备的备忘录。克拉克写道：“我们迫切需要……对‘基地’组织网络开展一个部长级别的审查。”但国家安全顾问并没有对克拉克的备忘录做出直接的响应。

1 月 25 日，特尼特向布什总统报告了“科尔”号事件的调查情况。报告重复了中央情报局在上一年 11 月向克林顿白宫官员所汇报的内容，包括“基地”组织应当负责这个“初步判断”；但该报告也有所保留，认为还没有发现本·拉登亲自命令实施了这次袭击的证据。

3 月 23 日，在关于是否重新开放白宫前的宾夕法尼亚大道的讨论中，克拉克提醒国家安全事务顾问康多莉扎·赖斯，国内或国外恐怖分子可能会在宾夕法尼亚大道上使用汽车炸弹。他还告诉赖斯，他认为在美国存在着恐怖小组，包括“基地”组织的分支。

4 月 13 日，联邦调查局向其所有的实地办公室发出了一份通知，对有关威胁报告进行了总结。通知要求各部门利用一切资源，包括人力资源和电子资料库，搜集关于“目前与逊尼派极端主义有关的军事活动”的情报，但它并不认为存在着国内的威胁。

4 月 19 日，由克拉克领导的跨机构反恐安全小组对有关阿布·苏贝达的报告进行了讨论。第二天，他们在呈给高层官员的一份简报中报告说：“本·拉登正在策划多样化的行动。”4 月 30 日，代表们从有关恐怖威胁的简报入手，讨论了对“基地”组织的政策。

5 月初，一名不速之客来到联邦调查局，声称存在着一项针对伦敦、波士顿和纽约发动袭击的计划。5 月 15 日，中央情报局向司法部长约翰·阿什克罗夫特简要汇报了关于“基地”组织的一般情况，并就最近的威胁报告做了专门说明。第二天，一份报告称，美国大使馆接到一个电话，警告本·拉登的支持者正策划使用“烈性爆炸物”在美国发动袭击。5 月 17 日，反恐安全小组议程的第一项就是“奥萨马·本·拉登：策划在美国实施的行动”。但是，那位匿名来电者提供的消息却无法证实。

5 月底，有报告说，有可能在国外发生针对美国的绑架人质事件，以迫使美国释放包括谢赫·奥马·阿布戴尔·拉赫曼教长（1993 年策划爆炸世界贸易中心的主犯之一）在内的罪犯。报告认为，恐怖分子可能会选择劫持飞机或者突袭美国使馆。由此，联邦航空管理局通知各航空公司注意可能发生的“为释放被监禁在美国的恐怖分子而劫持飞机”的事件。仅 5 月 24 日这一天，反恐官员就收到了宣称在也门和意大利发动袭击的报告；也有报告说，有匿名者打电话声称，“基地”组织在加拿大的一个小组可能正在策划对美国发动袭击。

很多诸如此类的报告都通过每天上午的情报汇报会呈送给布什总统与中央情报主任特尼特，情报汇报会的出席人员通常还包括副总统迪克·切尼和国家安全事务顾问赖斯。虽然这些汇报会谈到了美国和美国利益面临袭击威胁的总体情况，但会中所提到的具体恐怖威胁都在国外。

5 月 29 日，克拉克建议赖斯询问中央情报主任特尼特，美国还能做些什么来阻止阿布·苏贝达实施可能针对以色列目标，但也可能针对美国设施的“一系列重要的恐怖袭击”。克拉克写信给赖斯和她的副手史蒂文·哈德利说：“如果这些袭击真的发生，我们想要知道我们本来还能做些什么来阻止他们。”中央情报局反恐中心主任科弗·布莱克曾告诉赖斯，按照威胁等级从 1 到 10 的划分，新旧千年交替期间的等级为 8，而目前的威胁等级为 7。

7 月 2 日，联邦调查局反恐部给联邦和州的各机构以及地方执法机关发了一条消息，简要概括了与本·拉登有关的威胁信息，指出威胁报告数量的增加表明与奥萨马·本·拉登结盟或者支持他的组织可能针对在国外的美国目标发动袭击。该消息指出，“联邦调查局并没有收到可靠情报表明在美国本土存在恐怖主义威胁”，但是，对于在美国发动袭击的可能性不能不予以重视。它也注意到 7 月 4 日这一节日的到来可能会使得威胁增加。报告要求其各级执法机构“保持极度的警惕”并向联邦调查局“报告可疑的行为”。但联邦调查局并没有要求他们采取具体的行动以阻止袭击的发生。

7 月 5 日，中央情报局向司法部长阿什克罗夫特就“基地”组织即将发动一次重大恐怖袭击的威胁警告做了简要汇报，并告诉阿什克罗夫特，恐怖分子实施多样化袭击的准备工作已进入最后阶段或者已经完成，可能不会再有什么警告了。汇报只提到美国领土外的威胁。第二天，中央情报局的代表提醒反恐安全小组，“基地”组织成员认为即将到来的袭击将是“壮观的”，与他们迄今为止已做的事情有质的区别。

联邦调查局反恐负责人戴尔·沃森曾与科弗·布莱克在中央情报局就可能发生的袭击进行过多次讨论。他们认为袭击会发生在 7 月 4 日。沃森说他强烈感觉到有事情将要发生，但他也认为，威胁情报“含糊不清”。他希望自己能知道更多的信息。他希望他能有“500 名分析家盯着奥萨马·本·拉登的威胁情报，而不是两个”。克拉克对在 7 月 4 日可能发生袭击特别注意。当这天平安无事地过去之后，反恐安全小组决定继续保持警惕。

为了谋求更多的国际支持，7 月 5 日，副总统切尼与沙特阿拉伯王储阿布杜拉联系，哈德利给与其职位相当的欧洲官员打电话，而克拉克则与海湾地区高级官员进行协作。7 月底，鉴于威胁的存在，意大利对热那亚地区实施了空中管制，并且在有布什总统参加的八国首脑会议期间，在热那亚机场部署了防空部队。

在国内，反恐安全小组安排中央情报局简要汇报情报，并对来自国内几个机构的安全事务官员做出安排。7 月 5 日，来自移民归化局、联邦航空管理局、海岸警卫队、特勤局、海关、中央情报局以及联邦调查局的代表们与克拉克一起就当前的威胁进行了讨论。与会者被要求带着情报回到本人的工作机构，根据情报的机密等级和分发限制，"尽己所能"地利用它。一位来自移民归化局的代表想要一份情报摘要，以便能够与实地办公室共享，但她的要求没有得到满足。

作为 7 月 5 日与克拉克会面的结果，负责联邦大楼安全的跨机构委员会接到了检查安全措施的任务。7 月 9 日，该委员会召开会议，向来自 27 个机构的 37 名官员做了美国"目前的威胁等级"的简要说明，并告诉他们，来自国外的威胁报告、最近关于"东非爆炸案"的判决结果、阿哈迈德·雷萨姆被判有罪以及刚刚宣布的"霍巴塔案件"的起诉，使得"保持极度警惕"的必要性增加了。与会者被要求确定他们各自的机构是否需要加强安全措施。

7 月 18 日，国务院向公众发出了关于在阿拉伯半岛可能发生恐怖袭击的警告。中央情报主任特尼特说，直到 7 月底，情况"糟糕到了极点"。

7 月 19 日，联邦调查局代理局长托马斯·皮卡德召开了一次定期电话会议。他指出，面对不断增加的威胁报告，需要有证据反应小组，一旦袭击发生，一接到通知就能即刻展开行动，但他没有要求各实地办公室对在美国境内是否存在袭击阴谋做出判断或者采取行动粉碎此类阴谋。

7 月 27 日，克拉克通知赖斯和哈德利，关于近期“基地”组织袭击的情报高峰已经过去。他强调在 8 月份仍应保持高度警戒状态；因为另有报告指出，袭击只是被推迟了几个月，“但仍将发生”。

8 月 1 日，联邦调查局发表一份报告说，考虑到数量庞杂的威胁报告以及即将到来的东非爆炸案一周年，应该对安全计划予以更多关注。该报告还指出，虽然大多数报告都表明美国的海外目标可能遭袭，但对在美国本土发生袭击的可能性也不能不予以重视。

8 月 3 日，情报部门发布的一份报告认为，关于“基地”组织的袭击即将来临的威胁很可能会无限期地继续下去。在引证了存在于阿拉伯半岛、约旦、以色列和欧洲的威胁后，该报告认为，在所策划的袭击发生之前，“基地”组织正埋伏着，等待和寻找美国的安全漏洞。

在 2001 年春季和夏季，布什总统曾多次询问，威胁是不是针对美国的。中央情报局决定写一篇简要文章概括它对恐怖威胁的认识。负责准备该文章的两位中央情报局分析家认为，本·拉登在美国发动袭击的威胁仍然存在且很严重。8 月 6 日《总统每日简报》刊出了题为“本·拉登决意在美国发动袭击”的文章。这是当年《总统每日简报》上第 36 条与本·拉登或者“基地”组织有关的摘要，也是第一次讨论在美国发动袭击的可能性。报告指出，2001 年夏天，大多数情报部门都认识到，威胁报告的数量和严重程度是前所未有的。很多官员都相信某种可怕的事情正在计划中，他们渴望能阻止它。尽管数量庞杂，但收到的威胁中几乎都没有关于时间、地点、方式或目标等细节方面的内容，其中大多数报告都表明袭击是针对海外目标的；还有的报告表明威胁是针对不特定的“美国利益”。布什总统后来表示，8 月 6 日的报告是历史性的，它提醒他注意“基地”组织是很危险的。但是，他没有与赖斯或者司法部长讨论过这份报告。

皮卡德说，在 6 月底以及整个 7 月份，他与阿什克罗夫特每星期会一次面，8 月份见过两次。在两次这样的汇报之后，阿什克罗夫特对他说，他不想再听关于威胁的消息了。皮卡德说，那个夏天，他在不断的汇报中继续递交恐怖主义的消息，但是美国政府没有从这些“唠叨”中接受更多的东西。

司法部长后来表示，他问过皮卡德是否有关于在美国发动袭击的情报，皮卡德说没有；而皮卡德则说，他的回答是：尽管威胁报告是与海外目标有关的，但他不能向阿什克罗夫特保证不会有袭击在美国发生。阿什克罗夫特说，他以为联邦调查局在做它应做的事情，但他没有问联邦调查局面对威胁它在做些什么，也没有让它采取任何具体行动，他也没有指示移民归化局（当时仍属司法部的一部分）采取任何具体行动。

总而言之，美国国内机构从未动员起来以应对威胁。他们没有方针，也不打算制定行动方针。边境和运输系统都没有予以加强。电子监控没有把国内威胁作为目标。没有调动州和地方的执法机关来扩大联邦调查局的工作成果，也没有向公众发出警告。

奇思

在“9·11”事件的策划中，劫持飞机撞向重要建筑物是恐怖组织想出的奇思妙招，也是“基地”组织不同于其他恐怖组织的地方。所以，飞行训练就成了恐怖组织必须解决的问题。

2000年初夏，汉堡小组来到美国开始飞行训练。吉亚德·亚拉赫加入了位于佛罗里达威尼斯的飞行训练中心，阿塔和谢西开始在佛罗里达威尼斯的哈夫曼航空学院接受飞行训练。7月底，他们都进行了单独飞行，并于8月中旬通过了私人飞行员航空测试。

2000年9月中旬，阿塔和谢西声称想在哈夫曼学习至2001年9月1日，因而申请把他们的入境身份从游客改为学生。9月底，他们决定在佛罗里达萨拉索塔的琼斯航空学院注册。10月初，他们在琼斯航空学院参加了器械级别的第一阶段考试，没有通过。两人不久重返哈夫曼。在这期间，亚拉赫于8月初获得了一张单引擎飞机私人飞行证书。

哈立德·谢赫·穆罕默德在2000年秋季就已经把穆萨维送到马来西亚进行飞行训练，但是穆萨维没有找到他中意的学校，并转而从事其他恐怖计划。他买了4吨硝酸铵做炸弹，准备安置在飞往美国的货机上。哈立德·谢赫·穆罕默德将穆萨维召回巴基斯坦，指示他去美国进行飞行训练。穆萨维在10月初去了伦敦，从伦敦给俄克拉何马州诺曼城的空军飞行学校去信询问信息。哈兹米和哈居尔则在亚利桑那飞行学院训练。哈居尔想进行多引擎飞机的飞行训练，但因其英语不够好而受阻，教练建议他放弃，但是他说完不成训练就不能回家。2001年初，他开始到位于梅萨的潘爱姆国际飞行学院进行波音737模拟机飞行训练。一名教练发现他的训练水平低下，劝他停止训练，哈居尔再度拒绝。他直至2001年3月底才完成初步训练。

阿塔和谢西完成了在哈夫曼的学习，并于11月从联邦航空管理局那里获得了器械证书。2000年12月中旬，他们通过了商业飞行员考试并获得证书，然后开始通过飞行模拟器训练驾驶喷气式飞机。同一时期，亚拉赫在佛罗里达不同的飞行中心开始进行模拟器训练。

穆萨维的飞行训练于5月底终止。他只有50小时的飞行时间，没有进行过单独飞行，但还是开始对飞机材料进行研究，并进行波音747的模拟训练。7月10日，他在潘爱姆国际飞行学院预付了1500美元定金。月底，他收到了从8月13日至8月20日的模拟训练时间表。他购买了两把刀，并询问了两家GPS设备制造商，了解他们的产品能否改装用于航空。这些活动与那些"9·11"劫机者为袭击进行最后准备的活动非常相似。

8月10日，穆萨维离开俄克拉荷马州，前往明尼苏达州。3天后，穆萨维支付了他在潘爱姆飞行学院进行模拟飞行训练所欠的6800美元余额，开始了训练。然而他的行为引起了飞行教练的怀疑。对一名学生而言，不想获得飞行员执照或没有其他目标，在学习驾驶大型喷气式飞机上进行这样的训练，是非同寻常的。教练把自己的怀疑报告给政府。

这么多阿拉伯人在美国从事飞行训练，引起了联邦调查局相关人员的关注。2001年7月，联邦调查局位于凤凰城菲尼克斯办事处的工作人员肯·威廉斯给联邦调查局总部和纽约办事处国际反恐小组的两名工作人员发送了一份备忘录，报告一群阿拉伯人正在谈论飞行训练课程。他警告说，本·拉登将一些学生送到美国民航学校学习的行为具有"协同努力的可能性"。在亚利桑那州，有"过多的具有强烈研究兴趣的人"进入了这类学校。

他建议编辑一份民航学校的名单，与这些学校建立联系，就他关于本·拉登的观点与情报部门进行讨论，并要求有关机构取得关于申请去飞行学校的人员的签证信息。他的备忘录被提交给了某办事处。反本·拉登工作小组和联邦调查局总部负责极端原教旨主义小组的主管人员收到了该备忘录，但他们直到9月11日之后才看了这份备忘录。9月11日之前，总部没有一个主管人员看过这份备忘录，纽约办事处没有采取任何行动。备忘录本可能使联邦调查局变得敏感，从而使它在下个月能更加认真地对待穆萨维的事情。然而，联邦调查局对此没有引起重视。

7月31日，联邦航空管理局发出一份通知，警告各航空部门留心“近期可能发生恐怖行动的报告……特别是有关阿拉伯半岛和（或）以色列”。通知指出，据悉“当前很活跃的”一些恐怖分子小组“在为劫机进行策划和训练”，而且能够研制精密的爆炸装置并将其隐蔽在行李箱和消费品中，但联邦航空管理局并没有掌握关于袭击美国民航的具体计划的可靠证据。

2001年8月15日，联邦调查局明尼阿波利斯实地办公室开始对萨卡利亚斯·穆萨维进行调查。明尼阿波利斯的联邦调查局人员迅速了解到穆萨维具有“圣战者”信仰。他的一个银行账户里有32000美元，但他对这笔钱没有做出一个合理的说明。他曾到过巴基斯坦，当被问及是否去过巴基斯坦的邻国时，他变得很激动。工作人员还注意到，一问到他的宗教信仰，他就变得异常激动。他断定穆萨维是“一名伊斯兰极端分子，正在为促进极端的原教旨主义者的目标而实施的未来某一行动做准备”。他还认为，穆萨维的计划与其飞行训练有关。

穆萨维曾与拉姆兹·宾勒斯伯接触并从后者那里得到了钱。如果穆萨维与“基地”组织有关，那么，问题马上就会出现：“基地”组织可能实施与驾驶客机有关的阴谋。但情报机构从未认真分析过这种可能性。与移民归化局在明尼阿波利斯联合反恐特别工作组的代表一起处理该案的联邦调查局工作人员猜测，穆萨维可能打算劫持飞机。

2001年8月17日，移民归化局以“移民问题”为由逮捕了穆萨维。为了证明穆萨维与某外国势力有联系，联邦调查局向其驻巴黎和伦敦的法律专员求助。8月22日和27日，法国提供了关于穆萨维与车臣的一位叛乱首领伊本·艾尔·卡哈塔伯有关的情报。8月24日，中央情报局又给伦敦和巴黎发了一份关于“与可疑的747飞行训练有关的事情”的电报，电报将穆萨维描述为一名可能的“自杀性劫机者”。8月28日，中央情报局向英国政府的另一机构发送了一份情报请求，并警告说，8月底之前穆萨维可能会被驱逐到英国。9月3日，在召开另一件更紧急事情的会议之后，驻伦敦的联邦调查局机构顺便将此事简要地向英国官员提了一下，并于9月5日发送给英国机构一份书面的更新信息。而在大量与恐怖分子有关的调查当中，该案件并没有被英国予以优先处理。

9月4日，联邦调查局给中央情报局、联邦航空管理局、海关、国务院、移民归化局以及特勤局发送了一份电报，总结了关于穆萨维的已知事实，但没有汇报办案人员个人关于穆萨维打算劫持飞机的猜测，也没有包含联邦航空管理局的评论。联邦航空管理局认为，中东人在美国上飞行训练学校十分常见。

尽管明尼阿波利斯的工作人员从一开始就想告知联邦航空管理局关于穆萨维的事情，但联邦调查局总部命令说，联邦航空管理局不能共享办案人员所准备的那份较为完整的报告。明尼阿波利斯的负责人亲自给当地的联邦航空管理局办公室发送了办案人员的报告，以填补那些他认为联邦调查局总部的电报中存在的漏洞。联邦航空管理局没有采取任何行动予以回应。

在关于穆萨维打算做什么的问题上，明尼阿波利斯的工作人员与联邦调查局总部之间存在明显的意见分歧。一名总部工作人员认为，明尼阿波利斯办事处关于适用《外国情报监视法》的请求的措辞像是想让人们“飞旋起来”。那名负责人回答说，那正是他的目的，他正“努力阻止某人开着一架飞机撞向世贸中心”。但总部工作人员回答说，这是不会发生的，他们并不知道穆萨维是不是恐怖分子。

8月23日，中央情报主任特尼特收到了关于穆萨维案件的简要汇报，题为“伊斯兰极端分子学习飞行”。特尼特也被告知穆萨维想要学习驾驶波音747，对飞行中不开舱门很感兴趣，而且想要飞从伦敦到纽约的模拟航线。他还得知，穆萨维因超期滞留已经被联邦调查局逮捕，中央情报局正与联邦调查局一起办理此案。特尼特说，当时穆萨维与“基地”组织的联系还不明显。由于把它看成一个联邦调查局案件，他没有与白宫或者联邦调查局的任何人讨论过此事。没有人把穆萨维在美国的出现与2001年夏天的威胁报告联系起来。罕见的一次挫败恐怖袭击的机会就这样失去了。

2001年9月11日，以本·拉登为首的“基地”组织对美国发动了恐怖袭击，4架民航客机被劫持，美国的政治中心、经济中心和军事指挥中心同时遭到打击，数万人受伤，数千人死亡。布什总统在当天的日记中写道：“21世纪的珍珠港事件已经在今天发生了。”

思考题

1. 造成“9·11”恐怖袭击事件情报失误的原因有哪些？
2. “基地”组织的战法经历了怎样的转变？

3.“9·11”恐怖袭击发生前，美国政府和情报机构的关注重点是什么？

4. 对本·拉登和“基地”组织的恐怖活动，美国情报机构有没有提供有效预警？

5. 对于如何预防恐怖袭击和避免情报失误，在此案例中你得到了哪些启示？

2008年孟买恐怖袭击案

2008年11月26日夜，星期三，印度最大的海港和金融中心城市孟买华灯初上，光影如织，大街上车水马龙。川流不息的车流，熙熙攘攘；夺目的广告灯闪烁的陆离光彩，映照着来去匆匆的人流。餐厅里，三五成群的知己好友正在把酒谈心；商店里，来来往往的顾客有的购物，有的观赏，到处呈现出一片欢乐祥和的景象。殊不知，一场噩梦即将降临……

就在孟买海岸边，刚刚乘船抵达的10名恐怖分子上岸后即分成四个“战斗小组”，其中四人前往泰姬玛哈饭店，两人的目标是三叉戟饭店，两人负责那拉曼旅社，两人被派到火车站。分组完成后，几乎没做任何停留，他们就迅速朝着目标方向出发，不一会就消失在黑暗中……

这10名恐怖分子正是巴基斯坦恐怖组织“虔诚军”的成员。2008年11月21日，他们乘坐一艘较大船只从卡拉奇出发；出发前，每个人分发到手 6、7 本杂志、一把 AK–47 式自动步枪、一把左轮手枪、50 发子弹、8 枚手榴弹以及若干水果。他们穿过了阿拉伯海，遇到一艘名为“库柏”（Kuber）的印度拖船，杀死 4 名船员，逼迫船长引航。抵达孟买附近海域后，又杀死船长，由一名海上经验丰富的袭击者借助全球卫星定位系统驶向孟买海岸。当船只距离海岸还有约 7 千米时，他们又分组改乘 3 艘劫得的快艇在孟买海岸登陆。

蓄谋已久的袭击

“虔诚军”于 20 世纪 80 年代创建于巴基斯坦和阿富汗，其总部位于巴基斯坦的拉合尔，训练营地则位于莫迪克地区（Muridke）。该组织带有浓烈的伊斯兰原教旨主义色彩，其目标是解放克什米尔，肢解印度，在南亚和中亚地区建立一个伊斯兰政权。

“虔诚军”创建之时，本・拉登曾伸出援手，提供过经济援助。同“基地”组织一样，“虔诚军”也从西亚的阿拉伯国家尤其是沙特取得经济援助。自创建以来，它一直得到巴基斯坦三军情报局（ISI）的资助和支持，巴基斯坦希望通过这种不对称战争削弱印度对克什米尔地区的控制。

“虔诚军”组织策划过一系列发生在印度、死亡人数超过 150 人的恐怖行动，如 2000 年 3 月在克什米尔地区对锡克教徒的屠杀、2005 年发生在新德里的爆炸事件、2006 年 7 月 11 日的孟买列车爆炸。此外，它还积极介入了阿富汗战争，在伊拉克战争中，人们也可以看到它的身影。在许多方面，它都与“基地”组织类似，成为一个全球性的国际恐怖主义组织。

“9 · 11”事件后，在美国的压力下，巴基斯坦政府取缔了“虔诚军”，随后美国和英国将其列入恐怖组织名单。于是，“虔诚军”策划发动一次轰动性的打击，借此恢复该组织的凝聚力。其计划制造一次同时可能打击到印度人、美国人、英国人和犹太人的恐怖袭击，目标便是印度繁荣的中心——孟买。

为实施此计划，“虔诚军”招募了 24 人在该组织的训练营中接受了为期一年的训练。训练由退役军人负责实施，分成三个阶段：先是为期三个月的体能训练，参加者每天都要长跑 10 到 15 千米；接下来的三个月中，他们进行水上训练，演习游泳和航海术；最后三个月才是正规的兵器训练。训练结束后，教官从他们中遴选出 10 名“敢死队”成员，带往印度孟买进行“短时间实习”，以便熟悉当地的环境。他们拍摄了大量相片和录像资料进行分析，也曾利用谷歌地球（Google Earth）数字地图来了解孟买街道、建筑的布局环境，掌握了各袭击目标的卫星相片，拥有建筑位置和布局的详细地图。

与此同时，“虔诚军”也在紧锣密鼓地进行技术方面的筹备。

30 岁的计算机专家扎拉尔 · 沙阿（Zarar Shah）是“虔诚军”的技术负责人，负责通信和筹措装备。沙阿是一个精通数字技术的老手，他胡须浓密，走路一瘸一拐，强烈憎恨印度。

2008 年 9 月中旬，沙阿开始检索 VoIP 系统、网络安全与通信掩盖方式。沙阿首先与新泽西州一家公司取得联系，假冒印度电话服务转售商，化名为卡拉克 · 辛格，宣称自己住在孟买，就 VoIP 网络电话服务进行砍价。起初，沙阿觉得对方要价过高，便用蹩脚的英文致信新泽西州公司的管理人员：“我不是第一次购买 VoIP 服务，我用这项服务已经两年了。”最终，沙阿通过新泽西州那家公司搭建起 VoIP

服务，他与恐怖分子通话时可以显示出201的区号，从而掩盖真实的电话来源。

2008年11月，该公司老板致信这位冒牌的印度转售商“辛格”，抱怨这个数字电话网络没有产生任何流量，沙阿则回复称：“尊敬的先生，这个月底我会送去流量的。”

在制定计划的过程中，沙阿在笔记本电脑上检索欧洲通信安全薄弱点，并在一个旨在隐藏浏览历史的网站逗留过，还在“谷歌新闻”上检索“印美海军演习”、《孙子兵法》、“泰姬玛哈酒店”、“印度此前发生的恐怖袭击”等内容。他还访问印度地图网站，查看孟买市内及周边情况。

此外，“虔诚军”还专门安排人员到印度踩点，负责踩点的是一个名为戴维·黑德利（David Headley）的巴基斯坦裔美国人。此人在袭击发生前曾多次到印度旅行，帮助恐怖分子寻找袭击目标，搜集录像资料和GPS信息，并乘船巡游孟买附近海面，为袭击者寻找泊港和登陆港口。

为了此次恐怖袭击，恐怖分子可谓是训练周密，谋划精心。

第一次告警

事实上，关于孟买袭击的蛛丝马迹，早在三年前就已经显露出来。

2005年8月的一天，美国联邦调查局接到一个神秘的举报电话，电话是一名美国妇女通过该局的反恐热线打进来的。她举报她的丈夫——巴基斯坦裔美国人戴维·科尔曼·黑德利——是巴基斯坦“虔诚军”的一名活跃的武装分子，曾在位于巴基斯坦的武装分子营地接受训练，与多名极端恐怖分子联系密切。接报后，工作人员迅速将该信息传给了联邦调查局的反恐联合工作组。

联邦调查局特工随即与她取得联系，并进行了三次面谈。与此同时，美国联邦调查局对黑德利的背景进行了调查，发现他的背景十分复杂。

黑德利的父亲是一位巴基斯坦外交官，黑德利本人出生于美国。一岁的时候，他的父母带他回到了巴基斯坦，在伊斯兰堡郊外一所最古老的寄宿制学院汉森·阿卜达尔军事学院（Hasan Abdal Cadet College）上学。他中学没有毕业，父母就离了婚，他跟随父亲去了美国费城，帮助他的美国继母经营一个酒吧，后来他自己开了几间音像出租屋。也就在这个时候，他卷入了毒品走私。1988 年和 1997 年，他因走私毒品被指控，但他利用自己在美国和巴基斯坦的关系摆平了这一麻烦，并成为美国毒品管制局的线人。他提供的情报极有价值，因此美国毒品管制局让他穿梭于巴基斯坦和美国之间。

或许为了掩盖黑德利的美国毒品管制局线人身份，美国有关当局没有继续调查下去。如果他们继续调查下去，就会发现黑德利不仅是毒品管制局的线人，同时也是巴基斯坦三军情报局的线人。三军情报局的情报网招募他充当间谍，以监视印度军队的调动情况。2006 年初，三军情报局一位名叫伊克巴尔（Iqbal）的少校军官交给黑德利 25000 美元，作为他在孟买设立办事处、建立掩护机构的资金。

联邦调查局认为，它所掌握的证据不能确认黑德利与“虔诚军”之间的联系，因此没有对黑德利采取任何限制措施。2006 年的出入境记录显示，黑德利曾自由地在巴基斯坦、印度、迪拜以及欧洲旅行。

无独有偶，2007 年 12 月，黑德利的另一任妻子——一位名叫奥塔哈（Faiza Outalha）的摩洛哥妇女——走进了美国驻巴基斯坦大使馆，称黑德利正在策划一场恐怖袭击。27岁的奥塔哈告诉美国大使馆官员，她的丈夫有许多“虔诚军”朋友，具有强烈的反印情结，经常前往印度经营，但其商业活动总不见起色。奥塔哈还说，黑德利不断转换身份：当他在巴基斯坦时，他是一个名叫达乌德（Daood）的虔诚的穆斯林；当他在印度的时候，他又摇身一变，成为名叫戴维的美国花花公子。

奥塔哈甚至向大使馆的官员出示了她与黑德利在2007年4月和5月两次在泰姬玛哈饭店门口的留影。饭店的旅游记录显示，他们确实到过饭店。但是，接待她的大使馆地区安全事务助理认为，奥塔哈的指控只能说明她的丈夫正与一些坏人来往，而这些坏人正在策划“圣战”。但是，哪些人卷入了这一阴谋，他们的阴谋是什么，她并没有给出详细的细节。结果，此次举报同样不了了之！

第一次告警就这样归于平静。

袭击警报不断拉响

印度是一个恐怖活动频发的国家，而作为印度的商业和娱乐中心，孟买更是恐怖活动肆虐的中心。从20世纪80年代起，这个沿海城市曾多次遭受重大恐怖袭击。1992年底，印度教极端分子捣毁巴布里清真寺（Babri Masjid），引发孟买历史上最大规模的连环恐怖袭击案。1993年3月12日，孟买证券交易所、火车站等13个地区发生炸弹爆炸事件，造成253人死亡，713人受伤。2002年12月6日，恐怖分子将炸弹放在火车站附近一家麦当劳快餐店的空调管内，造成25人受伤。

2003 年 1 月 27 日，一枚放置在自行车上的炸弹在维拉—帕拉火车站（Vile Parle）外发生爆炸，炸弹弹出的钢钉造成至少 30 人死亡。时隔一个月后，穆兰德火车站在高峰时段再次发生炸弹爆炸，造成 11 人死亡，超过 65 人受伤。2006 年 7 月 11 日，孟买列车连环爆炸案夺走 209 条生命。

按理说，经历过如此频繁的恐怖袭击，印度应该对恐怖袭击的迹象和线索极为敏感。那么，袭击发生之前，印度安全和情报部门是不是没有掌握任何消息呢？

显然不是。

印度是美国的反恐伙伴，美国情报机构向印度情报机构提供了恐怖袭击的信息。2008 年 10 月中旬，两名常驻印度的美国中情局高级情报官曾向美国和印度发出两次恐怖袭击的预警，说恐怖分子可能瞄准孟买的酒店。这份预警情报甚至点明，老巢在巴基斯坦的“虔诚军”行动小组成员，可能“秘密侦察”了孟买的酒店。11 月 18 日，他俩第二次发出警告，称巴基斯坦境内的恐怖组织正准备对孟买发动恐怖袭击，并且可能从“海上进入”。这份情报还说，这些恐怖分子将不同于以前的普通恐怖分子，他们特别训练有素。接到警告后，孟买安全部门提高了酒店的安全保卫措施，但随后又松懈了下来。

印度警方也获得过有价值的信息。2008 年 2 月 10 日，一个名叫安萨里的印度人在印度北部城市兰普尔因涉嫌参与袭击一个警察营地而被捕，警察从他身上搜出了手绘的孟买酒店、火车站及其他重点目标的草图。安萨里承认，他在阿拉伯联合酋长国迪拜市为一家平面媒体工作期间，与“虔诚军”取得联系。之后，他经海路抵达巴基斯坦，再转陆路到达穆扎法拉巴德的“虔诚军”驻地接受训练。“虔诚军”为他提供了伪造的巴基斯坦护照和身份证明。“虔诚军”有意袭击孟买市内8到9个具体目标，其潜在目标还包括美国领事馆、孟买证券交易所等。从2007年秋天起，他就开始侦察孟买的各种情况，并负责为武装人员安排临时窝点。

印度情报部门也从自己的渠道获得了恐怖袭击的信息。印度的研究分析局（Research and Analysis Wing，R&AW）是印度的主要对外情报机构，负责搜集外国情报，从事反恐事务，执行隐蔽行动，其情报搜集手段包括人力搜集、信号情报等。在恐怖袭击发生前数月，它曾多次截获信号，暗示以巴基斯坦为基地的恐怖组织即将对孟买发动恐怖袭击。

2008年9月18日，印度研究分析局截获了一个卫星电话，对话的一方是“虔诚军”成员，另一位则不知其名。“虔诚军”神秘人物说：“对孟买印度门附近饭店的攻击已经在计划之中，将会通过海路实施。”6天后，该机构又截获了另一次卫星电话，电话中提及了正在考虑攻击的印度饭店的名字，它们是泰姬玛哈饭店、海礁石酒店和孟买万豪酒店。这些饭店都能轻易从海上进入。2008年11月18日，研究分析局又截获一个莫名其妙的卫星电话。对话中一个声音说：“我们将在晚上9点至11点之间到达孟买。”经确认，这次通话的准确地点在孟买近海，即孟买西部40千米处的乔尔。消息立刻传到新德里的总部，并被送往印度国家安全委员会、国家安全顾问、联合情报委员会。联合情报委员会把信息传递给陆军、空军、海军和海岸警卫队，以及印度情报局（IB），后者再通过其在孟买的分部向下传递给马哈拉施特拉邦警察局、孟买警监、马哈拉施特拉邦反恐特别行动队。不过，情报传递过程中，不同机构对信息的严重程度以及真实性存在不同解读，部分机构以此类情报太多为由并未加以重视。甚至在恐怖袭击发生前数小时，一位研究分析局的技术人员监听到恐怖分子与其控制者之间通过卫星电话的谈话，当时这些恐怖分子正在驶向孟买。技术人员认为通话内容非常可疑，向上级做了报告。研究分析局认为这一迹象确实可疑，向国家安全顾问办公室发出了警告。

11 月 26 日，研究分析局在印孟边境地带截获了一条要求把 10 个手机 SIM 卡激活的信息。这些手机卡均在孟加拉国购买，研究分析局一直监视着这些手机，但手机一直处于停机状态。而到 11 月 26 日，它们突然全部激活了。然而，研究分析局没有破译这一信息的含义，没有把它与恐怖袭击联系起来。谁也没想到，梦魇，就在下一刻开始……

恐怖杀戮

11 月 26 日晚 21 时 30 分，袭击首先从外国游客云集的利奥波德餐厅开始。三名枪手冲进餐厅四处扫射，墙壁上满是弹孔，而地上则布满了血迹。

大约 22 时，位于马哈拉施特拉邦议院后的三叉戟酒店内也响起了枪声。据称，当时共有约 1000 名游客被困酒店。据一名目击者称，一伙武装分子冲入大堂围拢游客，并四处寻找持有美国或英国护照的人。最后，他们劫持了大约 15 名游客为人质。

22 时 15 至 22 时 30 分，恐怖分子在一千米外的泰姬玛哈酒店外与警方交火。当时，共有 200 多名游客被困在该酒店的大堂中。同样，恐怖分子主要的攻击目标是英国人和美国人。

22 时 33 分，两名男孩模样的人若无其事地进了希瓦吉火车站（CST），在候车大厅内突然亮出 AK–47 自动步枪并向人群扫射，随后穿越数个月台，向人群投掷手榴弹。有目击者称，在这座也被称为维多利亚火车站的站外还发生了两起爆炸。紧接着，在离希瓦吉火车站仅一千米远的 Metro 电影院也响起了枪声。恐怖分子攻击了两名警察，并劫持了他们的警车。

此外，恐怖分子还冲进 Cama 医院，劫持了几名病人为人质；在孟买的两处居民区造成了数起爆炸；占据了犹太人会所，并在里面展开杀戮。

27 日凌晨 0 时 20 分，恐怖分子向泰姬玛哈饭店投掷手榴弹，奥贝罗伊饭店外发生爆炸。0 时 37 分，两名袭击者开着一辆警车逃脱。0 时 41 分，马哈拉施特拉邦议会大楼外响起枪声。0 时 48 分，泰姬玛哈饭店一个圆顶内发生爆炸，冒出滚滚浓烟，稍后可见火苗蹿出。150 名在饭店内开会的一家公司的职员被困。0 时 57 分，袭击者占据泰姬玛哈饭店 360 号和 361 号房间。1 时 5 分，泰姬玛哈饭店和奥贝罗伊饭店分别发生爆炸。1 时 15 分，拉马达饭店发生交火，至少 4 名警察身亡。1 时 35 分，号称孟买警方遭遇战专家的维贾伊·萨拉什卡在交火中丧生。孟买警方反恐部门负责人赫曼特·卡尔卡尔也因枪伤身亡。警方高级官员阿肖克·坎普特也死于枪战。1 时 55 分，泰姬玛哈饭店内发生枪战。5 时 59 分，泰姬玛哈饭店和奥贝罗伊饭店发生劫持人质事件。至少上百人被困泰姬玛哈，饭店顶层着火，几乎被烧得干干净净。

面对恐怖分子的疯狂，无助的游客和市民只能把生的希望寄托在等待救援上。

反恐行动

马哈拉施特邦首席部长德希姆克迟至晚23时才认识到事态的严重性，向印内政部长要求派遣被称为“黑猫”的国家安全卫队来对付恐怖分子。

200人的精锐队员整装待发。但是，空军的伊尔–76型运输机却用了近3个小时才从昌迪加尔空军基地赶到国家安全卫队所在的德里，之后又用了近3个小时才把这支反恐部队运抵孟买机场。当巴士用40分钟将队员们运送到集结地点时已经是第二天早上6点钟了。此后，国家安全卫队又与警方、军方花了一个小时进行情况分析，制定行动计划和人员部署。

27日晨，解救人质的战斗在三叉戟酒店展开。100名印度特种部队队员攻入饭店的19层，成功解救出5名外籍人质。与此同时，印度警方也开始对泰姬玛哈酒店展开进攻。数分钟后，警察护卫着数十人，其中多为西方人，走出酒店。

攻坚战首先从被称为“加巴德大屋”的犹太人会所开始。凭借抢占的重要战术位置、强大的火力和良好的训练，恐怖分子与反恐部队僵持了三十几个小时。直到28日下午，突击队员才利用直升机空降的方式攻进会所，但除了两名被击毙的恐怖分子，还有5名犹太人被打死。对泰姬玛哈酒店和三叉戟酒店残余恐怖分子的围剿一直持续到29日。

至29日晚，经过60多小时的激战，最终平息恐怖事件。这次惨案至少造成175人死亡，300余人受伤。这是继“9·11”后最大规模的恐怖袭击，被称为印度的“9·11事件”。美国中央情报局前南亚事务分析专家布鲁斯·里德尔表示："此次恐怖袭击在全球性圣战上是一个新的、令人恐惧的里程碑。"

思考题

1. 此次恐怖袭击事件暴露出印度情报搜集能力存在什么不足?
2. 美方在处理针对黑德利的举报案方面存在什么失误?
3. 你认为印度情报部门的情报意识和情报分析能力如何?
4. 结合此次袭击事件，试分析印度情报共享机制存在的缺陷。
5. 试评价袭击发生后印方的反应能力。
6. 孟买恐怖袭击给你怎样的教训和启示?

参考书目

一、中文原著

白建才：《“第三种选择”——冷战期间美国对外隐蔽行动战略研究》，北京：人民出版社，2012年版。

陈平陵：《从“布拉格之春”到东欧剧变：评介、回忆、思考》，北京：世界知识出版社，2010年版。

程钢：《“世界岛”上的六日血战——第三次中东战争纪实》，北京：知识出版社，1994年版。

范鸿达：《伊朗与美国：从朋友到仇敌》，北京：新华出版社，2012年版。

高金虎：《大失误》，南京：江苏人民出版社，1998年版。

郭翠萍：《捷克斯洛伐克的改革岁月》，北京：中国社会出版社，2013年版。

黄民兴：《阿富汗问题的历史嬗变》，北京：中国社会科学出版社，2013年版。

金圣荣:《美国联邦调查局机密档案》，合肥：安徽人民出版社，2013年版。

《军事小天才丛书》编委会编:《现代恐怖袭击档案》，广州：广东世界图书出版公司，2009年版。

李成刚:《大漠硝烟：第三次中东战争纪实》，北京：世界知识出版社，1997年版。

刘义昌、王文昌、王显臣，《海湾战争》，北京：军事科学出版社，1991年版。

刘宗和、高金虎主编:《第二次世界大战情报史》，北京：解放军出版社，2009年版。

吕万和:《简明日本近代史》，天津人民出版社，1984年版。

沈志华、杨奎松主编:《美国对华情报解密档案（1948—1976）》第七卷，上海：东方出版中心，2009年版。

沈志华:《冷战时期美国重大外交政策案例研究》，北京：经济科学出版社，2014年版。

石磊主编:《“霸王”行动——诺曼底登陆战役》，武汉：武汉大学出版社，2014年版。

孙建民等:《情报战战例选析》，北京：国防大学出版社，2010年版。

吴春秋等:《世界战争通鉴》，北京：国际文化出版公司，1995年版。

西风:《阿富汗战争：2001——2011年美国与北约的作战行为》，北京：中国市场出版社，2014年版。

徐世澄:《卡斯特罗评传：从马蒂主义者到马克思主义者》，北京：人民出版社，2008年版。

杨存堂:《美苏冷战的一次极限》，桂林：广西师范大学出版社，

2002 年版。

永兴、占辉：《以色列与阿拉伯血腥 50 年》，哈尔滨：黑龙江人民出版社，1999 年版。

张立伟：《反恐新视角》，北京：军事谊文出版社，2010 年版。

赵学功：《十月风云：古巴导弹危机研究》，天津人民出版社，2009 年版。

中国现代国际关系研究院反恐怖研究中心编：《国际恐怖主义与反恐怖斗争年鉴（2008）》，北京：时事出版社，2009 年版。

二、中文译著

〔美〕小理查兹·J. 霍耶尔：《情报分析心理学》，北京：金城出版社，2014 年版。

〔美〕小理查兹·J. 霍耶尔等：《结构化情报分析》，北京：金城出版社，2016 年版。

〔美〕凯瑟琳·希布斯·菲尔森，兰道夫·H. 菲尔森：《战略情报的批判性思维》，北京：金城出版社，2016 年版。

〔英〕克里斯托弗·艾尔斯比：《巴巴罗萨行动——1941 年德军入侵苏联》，郑州：大象出版社，2011 年版。

〔英〕杰弗里·罗伯茨：《朱可夫：斯大林的将军》，北京：社会科学文献出版社，2015 年版。

〔俄〕弗拉基米尔：《大元帅斯大林》，北京：社会科学文献出版社，2013 年版。

〔苏〕格·康·朱可夫：《回忆与思考》，北京：生活·读书·新知三联书店，1972 年版。

〔日〕实松让：《情报战》，南京：江苏人民出版社，1980 年版。

〔日〕实松让：《偷袭珍珠港前的 365 天》，上海：译文出版社，1980 年版。

〔日〕服部卓四郎：《大东亚战争全史》，北京：商务印书馆，1984 年版。

〔美〕戴维·卡恩：《破译者》，北京：群众出版社，1982 年版。

〔美〕孔华润主编：《剑桥美国对外关系史》，北京：新华出版社，2004 年版。

〔英〕约翰·科斯特洛：《太平洋战争》，北京：东方出版社，1985 年版。

〔英〕利特尔·哈特：《第二次世界大战战史》，上海人民出版社，2002 年版。

〔美〕安东尼·比弗：《诺曼底登陆》，武汉：长江文艺出版社，2014 年版。

〔美〕科尼利厄斯·瑞恩：《最长的一天：1945 诺曼底登陆》，北京：中信出版社，2015 年版。

〔联邦德国〕瓦尔特·瓦利蒙特：《德国国防军大本营》，北京：军事科学出版社，1990 年版。

〔英〕B.H. 李德哈特：《隆美尔战时文件》，西安：陕西师范大学出版社，2005 年版。

〔美〕戴维·卡恩：《希特勒的间谍》，长沙：湖南人民出版社，1983 年版。

〔美〕约翰·斯帕尼尔：《杜鲁门与麦克阿瑟的冲突和朝鲜战争》，

上海：复旦大学出版社，1985 年版。

〔美〕道格拉斯·麦克阿瑟：《麦克阿瑟回忆录》，上海译文出版社，1984 年版。

〔美〕约瑟夫·古尔登：《朝鲜战争—未曾透露的真相（上）》，北京：北京联合出版公司，2014 年版。

〔美〕斯通：《朝鲜战争内幕》，杭州：浙江人民出版社，1989 年版。

〔美〕马修·邦克·李奇微：《李奇微回忆录：朝鲜战争》，军事科学出版社，I984 年版。

〔美〕克莱·布莱尔：《将军百战归——布雷德利自传》，北京：军事谊文出版社，1985 年版。

〔美〕哈里·杜鲁门：《杜鲁门回忆录》（第二卷），北京：生活·读书·新知三联书店，1974 年版。

〔美〕小阿瑟·M. 施莱辛格：《一千天》，北京：生活·读书·新知三联书店，1981 年版。

〔美〕马克斯韦尔·泰勒：《剑与犁》，北京：商务印书馆，1981 年版。

〔美〕西奥多·索伦森：《肯尼迪》，上海译文出版社，1981 年版。

〔美〕约翰·纽豪斯：《核时代的战争与和平》，北京：军事科学出版社，1989 年版。

〔俄〕谢尔盖·谢曼诺夫：《勃列日涅夫传》，北京：东方出版社，2010 年版。

〔美〕威廉·赫·沙利文：《出使伊朗》，北京：世界知识出版社，1984 年版。

〔美〕吉米·卡特：《忠于信仰》，北京：新华出版社，1985 年版。

〔伊〕费雷敦·胡韦达：《伊朗国王倒台始末记》，广东：人民出版社，1981 年版。

〔伊〕伊朗外交研究所 :《巴列维王朝的兴衰》，北京 : 新华出版社，2009 年版。

〔美〕理查德 · 里夫斯 :《肯尼迪 : 权力日记》，北京 : 商务印书馆，2014 年版。

〔古〕菲德尔 · 卡斯特罗（口述），《菲德尔 · 卡斯特罗访谈记——我的一生》，北京 : 国际文化出版公司，2016 年版。

〔美〕李文和 :《我的国家控告我 : 李文和自述》，南京 : 译林出版社，2003 年版。

〔美〕时代生活编辑部 :《巴巴罗萨》，海口 : 海南出版社，2015 年版。

〔英〕威尔 · 福勒 :《突袭苏联 :“巴巴罗萨”行动最初的七天》，北京 : 航空工业出版社，2012 年版。

〔美〕美国国防部 :《海湾战争 : 美国国防部报告》，北京 : 军事科学出版社，1991 年版。

〔法〕皮埃尔 · 塞林格和埃里 · 洛朗 :《海湾战争——秘密档案》，北京 : 世界知识出版社，1991 年版。

〔美〕鲍勃 • 伍德沃德 :《布什和他的指挥官》，北京 : 人民日报出版社，1991 年版。

〔美〕马克 • 佩里 :《中央情报局最新秘闻——黯然失色》，北京 : 东方出版社，1993 年版。

〔美〕彼得 · 伯根 :《刺杀本 · 拉登》，哈尔滨出版社，2013 年版。

〔巴基斯坦〕艾哈迈德拉希德 :《塔利班》，重庆出版社，2015 年版。

〔美〕鲍登 :《蠕虫 : 第一次数字世界大战》，北京 : 国防工业出版社，1970 年版。

三、英文著作

Adel Darwish&Gregory Alexander, *Unholy Babylon,The Secret's History of Sadam Hussein*, New York:St Martin' s Press, 1991.

Ahmed Rashid, *Descent into Chaos:The US and the Disaster in Pakistan, Afghanistan, and Central Asia*,New York:Penguin Books, 2009.

Alan Geyer & Barbara Green, *Lines in the Sand:Justice and the Gulf War*, Louisville, Kentucky:Westminster John Knox Press,1992.

Graham Allison and Philip Zelikow, *Essence of Decision:Explaining the Cuban Missile Crisis*, New York:Longman,1999.

Jean Edward Smith, *Bush's War*, New York:Henry Holt & Co, 1992.

Judith Miller, *Sadam Hussein and the Crisis in the Gulf*, New York:Times Books, 1990.

Mary S. McAuliffe, *CIA Documents on the Cuban Missile Crisis*, Central Intelligence Agency, Washington, DC:1992.

Owen Bennett Jones, *Pakistan:Eye of the Storm*. New Haven, CT:Yale University Press, 2009.

Richard Reeves,*President Kennedy:Profile of Power*, New York: Simon Schuster,1994.

Roger Hilsman, *Strategic Intelligence and National Decision*, Glencoe, Illinois: The Free Press, 1981.

The National Commission on Terrorist Attacks Upon the United States, *The 9/11 Commission Report*, Washington, DC:2004.

后　记

情报分析是一门理论与实践兼具的学科，情报分析的教学过程是一个向学生传递分析方法、分析技巧，帮助学生认识情报分析的思维误区、养成正确情报思维的过程。这一过程的实现，离不开情报分析实践；因为只有在大量的情报分析实践中，学生才能逐步领会分析方法的要义，体会思维的精妙。因此，案例研讨是了解情报分析过程中的认知陷阱、提高情报分析技能的良方。

长期以来，我们的情报分析教学存在许多误区。经验丰富的分析人员本身无暇对自己的经验进行学理化升华，而囿于机制问题，从事分析教学的研究人员也得不到实践机会；由此造成课堂上的情报分析教学与现实中的情报分析实践严重脱节，教员坐而论道的现象比较突出。

我们对案例教学的理解也存在严重缺失。我们曾经以为举例就是案例教学，或者对案例进行条分缕析的分析、总结历史的经验教训，就是案例教学。我们不能理解案例所要求的真实性。因为情报分析中的案例大多是历史案例，其过程与结果都是大家熟悉的，在这种情景下，让学生浸润其中，体会情报分析的困难存在一定的难度。这些错误的认识，影响了我们的教学效果。

经过反复探索，我们对案例教学形成了全新认识。我们认为，案例教学重在创造仿真的情境，使学生能够充分感受到岗位任职所面临的实际问题，进入特定事件的具体角色，自主地分析案例，这样才能具有很强的实践性特征。案例教学注重通过学生与学生、学生与老师之间的分析讨论，形成热烈的、互动的教学氛围，使学生能够充分表达自己的新观点和新见解，形成思维的相互沟通、相互启发和相互补充。因此，案例教学是提升情报分析实践技能的途径。

我们过去开发的案例大多属于评价型案例。经过反复探索，我们开发出决策型案例，通过再现当时的复杂情境，让学生置身于其中，体会情报分析的复杂性，情况认识的不确定性，以及决策的艰巨性。此外，我们还把结构化分析这一全新的分析方法体系引入案例教学。每个案例，我们基本只安排了一两种方法，通过若干案例的教学，学生基本可以领会整个情报分析的流程，掌握一整套的结构化分析方法，并知道在何时使用何种方法。经过课堂试教，学员反映很好。这使我们下决心开发一整套的情报分析案例，以让更多的读者分享我们的教学成果。

我们曾经以为案例开发就是简单的编故事，但实践证明，这种认知是错误的。也许，与理论思维相比，案例开发具有生动性、形象化的特征；但是，要完整地再现当时的情景，让学生沉浸到真实的情境中，把相关的细节交代清楚，并恰当地设计分析陷阱，让学生体会情报分析的复杂性，这样的案例开发无异于一种再创造。它需要开发者对历史事实了然于心，理解情报分析的基本逻辑，系统掌握各种情报分析方法，在开发案例的时候就明了案例分析的思路。这实际上是一种高难度的科研活动。因此，在这些案例开发之初，我们曾遇到极大困难。所幸的是，我们最后终于找到了克服这一瓶颈的方法。

参与案例开发的有马晓娟、陈烨、刘亚莉、何琼、伯恒、张宏、马宁研等同志。在案例开发的过程中，高金虎、张魁提出了许多有益的意见和建议。案例的开发也得到了解放军国际关系学院首长和训练部领导的大力支持。在此谨向他们表示诚挚的谢意。

季正明

2016 年 7 月 1 日